## 农业资料法律法规学习读本

# 农资产品法律法规

李勇 主编

汕頭大學出版社

**图书在版编目（CIP）数据**

农资产品法律法规 / 李勇主编 . -- 汕头 : 汕头大学出版社（2021 . 7 重印）

（农业资料法律法规学习读本）

ISBN 978-7-5658-3198-0

Ⅰ. ①农… Ⅱ. ①李… Ⅲ. ①农业生产资料-产品管理-农业法-中国-学习参考资料 Ⅳ. ①D922. 44

中国版本图书馆 CIP 数据核字（2017）第 255311 号

农资产品法律法规　　NONGZI CHANPIN FALÜ FAGUI

主　　编：李　勇
责任编辑：邹　峰
责任技编：黄东生
封面设计：大华文苑
出版发行：汕头大学出版社
　　　　　广东省汕头市大学路 243 号汕头大学校园内　邮政编码：515063
电　　话：0754-82904613
印　　刷：三河市南阳印刷有限公司
开　　本：690mm×960mm 1/16
印　　张：18
字　　数：226 千字
版　　次：2017 年 10 月第 1 版
印　　次：2021 年 7 月第 2 次印刷
定　　价：59. 60 元（全 2 册）
ISBN 978-7-5658-3198-0

# 前　言

习近平总书记指出："推进全民守法，必须着力增强全民法治观念。要坚持把全民普法和守法作为依法治国的长期基础性工作，采取有力措施加强法制宣传教育。要坚持法治教育从娃娃抓起，把法治教育纳入国民教育体系和精神文明创建内容，由易到难、循序渐进不断增强青少年的规则意识。要健全公民和组织守法信用记录，完善守法诚信褒奖机制和违法失信行为惩戒机制，形成守法光荣、违法可耻的社会氛围，使遵法守法成为全体人民共同追求和自觉行动。"

中共中央、国务院曾经转发了中央宣传部、司法部关于在公民中开展法治宣传教育的规划，并发出通知，要求各地区各部门结合实际认真贯彻执行。通知指出，全民普法和守法是依法治国的长期基础性工作。深入开展法治宣传教育，是全面建成小康社会和新农村的重要保障。

普法规划指出：各地区各部门要根据实际需要，从不同群体的特点出发，因地制宜开展有特色的法治宣传教育坚持集中法治宣传教育与经常性法治宣传教育相结合，深化法律进机关、进乡村、进社区、进学校、进企业、进单位的"法律六进"主题活动，完善工作标准，建立长效机制。

特别是农业、农村和农民问题，始终是关系党和人民事业发展的全局性和根本性问题。党中央、国务院发布的《关于推进社会主义新农村建设的若干意见》中明确提出要"加强农村法制建设，深入开展农村普法教育，增强农民的法制观念，提高农民依法行使权利和履行义务的自觉性。"多年普法实践证明，普及法律知识，提高法制观念，增强全社会依法办事意识具有重要作用。特别是在广大农村进行普法教育，是提高全民法律素质的需要。

多年来，我国在农村实行的改革开放取得了极大成功，农村发生了翻天覆地的变化，广大农民生活水平大大得到了提高。但是，由于历史和社会等原因，现阶段我国一些地区农民文化素质还不高，不学法、不懂法、不守法现象虽然较原来有所改变，但仍有相当一部分群众的法制观念仍很淡化，不懂、不愿借助法律来保护自身权益，这就极易受到不法的侵害，或极易进行违法犯罪活动，严重阻碍了全面建成小康社会和新农村步伐。

为此，根据党和政府的指示精神以及普法规划，特别是根据广大农村农民的现状，在有关部门和专家的指导下，特别编辑了这套《全国普法学习读本》。主要包括了广大人民群众应知应懂、实际实用的法律法规。为了辅导学习，附录还收入了相应法律法规的条例准则、实施细则、解读解答、案例分析等；同时为了突出法律法规的实际实用特点，兼顾地方性和特殊性，附录还收入了部分某些地方性法律法规以及非法律法规的政策文件、管理制度、应用表格等内容，拓展了本书的知识范围，使法律法规更“接地气”，便于读者学习掌握和实际应用。

在众多法律法规中，我们通过甄别，淘汰了废止的，精选了最新的、权威的和全面的。但有部分法律法规有些条款不适应当下情况了，却没有颁布新的，我们又不能擅自改动，只得保留原有条款，但附录却有相应的补充修改意见或通知等。众多法律法规根据不同内容和受众特点，经过归类组合，优化配套。整套普法读本非常全面系统，具有很强的学习性、实用性和指导性，非常适合用于广大农村和城乡普法学习教育与实践指导。总之，是全国全民普法的良好读本。

# 目　　录

## 中华人民共和国农产品质量安全法


第一章　总　则 ……………………………………………………（1）
第二章　农产品质量安全标准 ……………………………………（2）
第三章　农产品产地 ………………………………………………（3）
第四章　农产品生产 ………………………………………………（4）
第五章　农产品包装和标识 ………………………………………（5）
第六章　监督检查 …………………………………………………（6）
第七章　法律责任 …………………………………………………（8）
第八章　附　则 ……………………………………………………（10）
附　录
农产品地理标志管理办法 ……………………………………（11）
地理标志产品保护规定 ………………………………………（16）
农产品包装和标识管理办法 …………………………………（21）
农产品质量安全检测机构考核办法 …………………………（25）
国务院关于加强食品等产品安全监督管理的特别规定 ………（31）
农业部蔬菜生产信息监测管理办法（试行） …………………（38）


## 农产品流通有关规定办法


出口食品、农产品免验管理规定（试行） ………………………（44）
大宗农产品进口报告和信息发布管理办法（试行） ……………（48）
质检总局关于进一步规范和促进出口食品农产品企业内
外销“同线同标同质”的公告 ……………………………（51）
附　录

蔬菜流通追溯体系基本要求 …………………………………… (55)
肉类流通追溯体系基本要求 …………………………………… (80)
农业产品征税范围注释 ………………………………………… (94)
农产品成本调查管理办法（修订稿） ………………………… (100)

## 中国名牌农产品管理办法

第一章　总　则 ………………………………………………… (107)
第二章　组织管理 ……………………………………………… (108)
第三章　申　请 ………………………………………………… (108)
第四章　评选认定程序 ………………………………………… (109)
第五章　监督管理 ……………………………………………… (110)
第六章　附　则 ………………………………………………… (111)

## 棉花质量监督管理条例

第一章　总　则 ………………………………………………… (112)
第二章　棉花质量义务 ………………………………………… (113)
第三章　棉花质量监督 ………………………………………… (114)
第四章　罚　则 ………………………………………………… (117)
第五章　附　则 ………………………………………………… (119)
附　录
棉花加工资格认定和市场管理暂行办法 ……………………… (120)
国务院办公厅关于进一步促进农产品加工业发展的意见 …… (132)

# 中华人民共和国农产品质量安全法

中华人民共和国主席令

第四十九号

《中华人民共和国农产品质量安全法》已由中华人民共和国第十届全国人民代表大会常务委员会第二十一次会议于2006年4月29日通过，现予公布，自2006年11月1日起施行。

中华人民共和国主席　胡锦涛

2006年4月29日

## 第一章　总　则

**第一条**　为保障农产品质量安全，维护公众健康，促进农业和农村经济发展，制定本法。

**第二条**　本法所称农产品，是指来源于农业的初级产品，即在农业活动中获得的植物、动物、微生物及其产品。

本法所称农产品质量安全，是指农产品质量符合保障人的健康、安全的要求。

**第三条**　县级以上人民政府农业行政主管部门负责农产品质量安

全的监督管理工作；县级以上人民政府有关部门按照职责分工，负责农产品质量安全的有关工作。

**第四条** 县级以上人民政府应当将农产品质量安全管理工作纳入本级国民经济和社会发展规划，并安排农产品质量安全经费，用于开展农产品质量安全工作。

**第五条** 县级以上地方人民政府统一领导、协调本行政区域内的农产品质量安全工作，并采取措施，建立健全农产品质量安全服务体系，提高农产品质量安全水平。

**第六条** 国务院农业行政主管部门应当设立由有关方面专家组成的农产品质量安全风险评估专家委员会，对可能影响农产品质量安全的潜在危害进行风险分析和评估。

国务院农业行政主管部门应当根据农产品质量安全风险评估结果采取相应的管理措施，并将农产品质量安全风险评估结果及时通报国务院有关部门。

**第七条** 国务院农业行政主管部门和省、自治区、直辖市人民政府农业行政主管部门应当按照职责权限，发布有关农产品质量安全状况信息。

**第八条** 国家引导、推广农产品标准化生产，鼓励和支持生产优质农产品，禁止生产、销售不符合国家规定的农产品质量安全标准的农产品。

**第九条** 国家支持农产品质量安全科学技术研究，推行科学的质量安全管理方法，推广先进安全的生产技术。

**第十条** 各级人民政府及有关部门应当加强农产品质量安全知识的宣传，提高公众的农产品质量安全意识，引导农产品生产者、销售者加强质量安全管理，保障农产品消费安全。

## 第二章　农产品质量安全标准

**第十一条** 国家建立健全农产品质量安全标准体系。农产品质量安全标准是强制性的技术规范。

农产品质量安全标准的制定和发布，依照有关法律、行政法规的规定执行。

**第十二条** 制定农产品质量安全标准应当充分考虑农产品质量安全风险评估结果，并听取农产品生产者、销售者和消费者的意见，保障消费安全。

**第十三条** 农产品质量安全标准应当根据科学技术发展水平以及农产品质量安全的需要，及时修订。

**第十四条** 农产品质量安全标准由农业行政主管部门商有关部门组织实施。

## 第三章 农产品产地

**第十五条** 县级以上地方人民政府农业行政主管部门按照保障农产品质量安全的要求，根据农产品品种特性和生产区域大气、土壤、水体中有毒有害物质状况等因素，认为不适宜特定农产品生产的，提出禁止生产的区域，报本级人民政府批准后公布。具体办法由国务院农业行政主管部门商国务院环境保护行政主管部门制定。

农产品禁止生产区域的调整，依照前款规定的程序办理。

**第十六条** 县级以上人民政府应当采取措施，加强农产品基地建设，改善农产品的生产条件。

县级以上人民政府农业行政主管部门应当采取措施，推进保障农产品质量安全的标准化生产综合示范区、示范农场、养殖小区和无规定动植物疫病区的建设。

**第十七条** 禁止在有毒有害物质超过规定标准的区域生产、捕捞、采集食用农产品和建立农产品生产基地。

**第十八条** 禁止违反法律、法规的规定向农产品产地排放或者倾倒废水、废气、固体废物或者其他有毒有害物质。

农业生产用水和用作肥料的固体废物，应当符合国家规定的标准。

**第十九条** 农产品生产者应当合理使用化肥、农药、兽药、农用薄膜等化工产品，防止对农产品产地造成污染。

## 第四章 农产品生产

**第二十条** 国务院农业行政主管部门和省、自治区、直辖市人民政府农业行政主管部门应当制定保障农产品质量安全的生产技术要求和操作规程。县级以上人民政府农业行政主管部门应当加强对农产品生产的指导。

**第二十一条** 对可能影响农产品质量安全的农药、兽药、饲料和饲料添加剂、肥料、兽医器械，依照有关法律、行政法规的规定实行许可制度。

国务院农业行政主管部门和省、自治区、直辖市人民政府农业行政主管部门应当定期对可能危及农产品质量安全的农药、兽药、饲料和饲料添加剂、肥料等农业投入品进行监督抽查，并公布抽查结果。

**第二十二条** 县级以上人民政府农业行政主管部门应当加强对农业投入品使用的管理和指导，建立健全农业投入品的安全使用制度。

**第二十三条** 农业科研教育机构和农业技术推广机构应当加强对农产品生产者质量安全知识和技能的培训。

**第二十四条** 农产品生产企业和农民专业合作经济组织应当建立农产品生产记录，如实记载下列事项：

（一）使用农业投入品的名称、来源、用法、用量和使用、停用的日期；

（二）动物疫病、植物病虫草害的发生和防治情况；

（三）收获、屠宰或者捕捞的日期。

农产品生产记录应当保存二年。禁止伪造农产品生产记录。

国家鼓励其他农产品生产者建立农产品生产记录。

**第二十五条** 农产品生产者应当按照法律、行政法规和国务院农业行政主管部门的规定，合理使用农业投入品，严格执行农业投入品使用安全间隔期或者休药期的规定，防止危及农产品质量安全。

禁止在农产品生产过程中使用国家明令禁止使用的农业投入品。

**第二十六条** 农产品生产企业和农民专业合作经济组织，应当自行或者委托检测机构对农产品质量安全状况进行检测；经检测不符合农产品质量安全标准的农产品，不得销售。

**第二十七条** 农民专业合作经济组织和农产品行业协会对其成员应当及时提供生产技术服务，建立农产品质量安全管理制度，健全农产品质量安全控制体系，加强自律管理。

## 第五章 农产品包装和标识

**第二十八条** 农产品生产企业、农民专业合作经济组织以及从事农产品收购的单位或者个人销售的农产品，按照规定应当包装或者附加标识的，须经包装或者附加标识后方可销售。包装物或者标识上应当按照规定标明产品的品名、产地、生产者、生产日期、保质期、产品质量等级等内容；使用添加剂的，还应当按照规定标明添加剂的名称。具体办法由国务院农业行政主管部门制定。

**第二十九条** 农产品在包装、保鲜、贮存、运输中所使用的保鲜剂、防腐剂、添加剂等材料，应当符合国家有关强制性的技术规范。

**第三十条** 属于农业转基因生物的农产品，应当按照农业转基因生物安全管理的有关规定进行标识。

**第三十一条** 依法需要实施检疫的动植物及其产品，应当附具检疫合格标志、检疫合格证明。

**第三十二条** 销售的农产品必须符合农产品质量安全标准，生产者可以申请使用无公害农产品标志。农产品质量符合国家规定的有关优质农产品标准的，生产者可以申请使用相应的农产品质量标志。

禁止冒用前款规定的农产品质量标志。

# 第六章　监督检查

**第三十三条**　有下列情形之一的农产品，不得销售：

（一）含有国家禁止使用的农药、兽药或者其他化学物质的；

（二）农药、兽药等化学物质残留或者含有的重金属等有毒有害物质不符合农产品质量安全标准的；

（三）含有的致病性寄生虫、微生物或者生物毒素不符合农产品质量安全标准的；

（四）使用的保鲜剂、防腐剂、添加剂等材料不符合国家有关强制性的技术规范的；

（五）其他不符合农产品质量安全标准的。

**第三十四条**　国家建立农产品质量安全监测制度。县级以上人民政府农业行政主管部门应当按照保障农产品质量安全的要求，制定并组织实施农产品质量安全监测计划，对生产中或者市场上销售的农产品进行监督抽查。监督抽查结果由国务院农业行政主管部门或者省、自治区、直辖市人民政府农业行政主管部门按照权限予以公布。

监督抽查检测应当委托符合本法第三十五条规定条件的农产品质量安全检测机构进行，不得向被抽查人收取费用，抽取的样品不得超过国务院农业行政主管部门规定的数量。上级农业行政主管部门监督抽查的农产品，下级农业行政主管部门不得另行重复抽查。

**第三十五条**　农产品质量安全检测应当充分利用现有的符合条件的检测机构。

从事农产品质量安全检测的机构，必须具备相应的检测条件和能力，由省级以上人民政府农业行政主管部门或者其授权的部门考核合格。具体办法由国务院农业行政主管部门制定。

农产品质量安全检测机构应当依法经计量认证合格。

**第三十六条**　农产品生产者、销售者对监督抽查检测结果有异议的，可以自收到检测结果之日起五日内，向组织实施农产品质量安全监督抽查的农业行政主管部门或者其上级农业行政主管部门申请复检。

采用国务院农业行政主管部门会同有关部门认定的快速检测方法进行农产品质量安全监督抽查检测，被抽查人对检测结果有异议的，可以自收到检测结果时起四小时内申请复检。复检不得采用快速检测方法。

因检测结果错误给当事人造成损害的，依法承担赔偿责任。

**第三十七条** 农产品批发市场应当设立或者委托农产品质量安全检测机构，对进场销售的农产品质量安全状况进行抽查检测；发现不符合农产品质量安全标准的，应当要求销售者立即停止销售，并向农业行政主管部门报告。

农产品销售企业对其销售的农产品，应当建立健全进货检查验收制度；经查验不符合农产品质量安全标准的，不得销售。

**第三十八条** 国家鼓励单位和个人对农产品质量安全进行社会监督。任何单位和个人都有权对违反本法的行为进行检举、揭发和控告。有关部门收到相关的检举、揭发和控告后，应当及时处理。

**第三十九条** 县级以上人民政府农业行政主管部门在农产品质量安全监督检查中，可以对生产、销售的农产品进行现场检查，调查了解农产品质量安全的有关情况，查阅、复制与农产品质量安全有关的记录和其他资料；对经检测不符合农产品质量安全标准的农产品，有权查封、扣押。

**第四十条** 发生农产品质量安全事故时，有关单位和个人应当采取控制措施，及时向所在地乡级人民政府和县级人民政府农业行政主管部门报告；收到报告的机关应当及时处理并报上一级人民政府和有关部门。发生重大农产品质量安全事故时，农业行政主管部门应当及时通报同级食品药品监督管理部门。

**第四十一条** 县级以上人民政府农业行政主管部门在农产品质量安全监督管理中，发现有本法第三十三条所列情形之一的农产品，应当按照农产品质量安全责任追究制度的要求，查明责任人，依法予以处理或者提出处理建议。

**第四十二条** 进口的农产品必须按照国家规定的农产品质量安全标准进行检验；尚未制定有关农产品质量安全标准的，应当依法及时制定，未制定之前，可以参照国家有关部门指定的国外有关标准进行检验。

## 第七章 法律责任

**第四十三条** 农产品质量安全监督管理人员不依法履行监督职责，或者滥用职权的，依法给予行政处分。

**第四十四条** 农产品质量安全检测机构伪造检测结果的，责令改正，没收违法所得，并处五万元以上十万元以下罚款，对直接负责的主管人员和其他直接责任人员处一万元以上五万元以下罚款；情节严重的，撤销其检测资格；造成损害的，依法承担赔偿责任。

农产品质量安全检测机构出具检测结果不实，造成损害的，依法承担赔偿责任；造成重大损害的，并撤销其检测资格。

**第四十五条** 违反法律、法规规定，向农产品产地排放或者倾倒废水、废气、固体废物或者其他有毒有害物质的，依照有关环境保护法律、法规的规定处罚；造成损害的，依法承担赔偿责任。

**第四十六条** 使用农业投入品违反法律、行政法规和国务院农业行政主管部门的规定的，依照有关法律、行政法规的规定处罚。

**第四十七条** 农产品生产企业、农民专业合作经济组织未建立或者未按照规定保存农产品生产记录的，或者伪造农产品生产记录的，责令限期改正；逾期不改正的，可以处二千元以下罚款。

**第四十八条** 违反本法第二十八条规定，销售的农产品未按照规定进行包装、标识的，责令限期改正；逾期不改正的，可以处二千元以下罚款。

**第四十九条** 有本法第三十三条第四项规定情形，使用的保鲜剂、防腐剂、添加剂等材料不符合国家有关强制性的技术规范的，责令停止销售，对被污染的农产品进行无害化处理，对不能进行无害化处理的予以监督销毁；没收违法所得，并处二千元以上二万元以下罚款。

**第五十条** 农产品生产企业、农民专业合作经济组织销售的农产品有本法第三十三条第一项至第三项或者第五项所列情形之一的，责令停止销售，追回已经销售的农产品，对违法销售的农产品进行无害化处理或者予以监督销毁；没收违法所得，并处二千元以上二万元以下罚款。

农产品销售企业销售的农产品有前款所列情形的，依照前款规定处理、处罚。

农产品批发市场中销售的农产品有第一款所列情形的，对违法销售的农产品依照第一款规定处理，对农产品销售者依照第一款规定处罚。

农产品批发市场违反本法第三十七条第一款规定的，责令改正，处二千元以上二万元以下罚款。

**第五十一条** 违反本法第三十二条规定，冒用农产品质量标志的，责令改正，没收违法所得，并处二千元以上二万元以下罚款。

**第五十二条** 本法第四十四条、第四十七条至第四十九条、第五十条第一款、第四款和第五十一条规定的处理、处罚，由县级以上人民政府农业行政主管部门决定；第五十条第二款、第三款规定的处理、处罚，由工商行政管理部门决定。

法律对行政处罚及处罚机关有其他规定的，从其规定。但是，对同一违法行为不得重复处罚。

**第五十三条** 违反本法规定，构成犯罪的，依法追究刑事责任。

**第五十四条** 生产、销售本法第三十三条所列农产品，给消费者造成损害的，依法承担赔偿责任。

农产品批发市场中销售的农产品有前款规定情形的，消费者可以向农产品批发市场要求赔偿；属于生产者、销售者责任的，农产品批发市场有权追偿。消费者也可以直接向农产品生产者、销售者要求赔偿。

## 第八章　附　则

**第五十五条**　生猪屠宰的管理按照国家有关规定执行。

**第五十六条**　本法自 2006 年 11 月 1 日起施行。

# 附　录

## 农产品地理标志管理办法

中华人民共和国农业部令

第11号

《农产品地理标志管理办法》业经2007年12月6日农业部第15次常务会议审议通过，现予发布，自2008年2月1日起施行。

中华人民共和国农业部

二○○七年十二月二十五日

### 第一章　总　则

**第一条**　为规范农产品地理标志的使用，保证地理标志农产品的品质和特色，提升农产品市场竞争力，依据《中华人民共和国农业法》、《中华人民共和国农产品质量安全法》相关规定，制定本办法。

**第二条**　本办法所称农产品是指来源于农业的初级产品，即在农业活动中获得的植物、动物、微生物及其产品。

本办法所称农产品地理标志，是指标示农产品来源于特定地域，产品品质和相关特征主要取决于自然生态环境和历史人文因素，并以地域名称冠名的特有农产品标志。

**第三条**　国家对农产品地理标志实行登记制度。经登记的农产品地理标志受法律保护。

**第四条**　农业部负责全国农产品地理标志的登记工作，农业部农产品质量安全中心负责农产品地理标志登记的审查和专家评审工作。

省级人民政府农业行政主管部门负责本行政区域内农产品地理标志登记申请的受理和初审工作。

农业部设立的农产品地理标志登记专家评审委员会，负责专家评审。农产品地理标志登记专家评审委员会由种植业、畜牧业、渔业和农产品质量安全等方面的专家组成。

**第五条**　农产品地理标志登记不收取费用。县级以上人民政府农业行政主管部门应当将农产品地理标志管理经费编入本部门年度预算。

**第六条**　县级以上地方人民政府农业行政主管部门应当将农产品地理标志保护和利用纳入本地区的农业和农村经济发展规划，并在政策、资金等方面予以支持。

国家鼓励社会力量参与推动地理标志农产品发展。

## 第二章　登　记

**第七条**　申请地理标志登记的农产品，应当符合下列条件：

（一）称谓由地理区域名称和农产品通用名称构成；

（二）产品有独特的品质特性或者特定的生产方式；

（三）产品品质和特色主要取决于独特的自然生态环境和人文历史因素；

（四）产品有限定的生产区域范围；

（五）产地环境、产品质量符合国家强制性技术规范要求。

**第八条**　农产品地理标志登记申请人为县级以上地方人民政府根据下列条件择优确定的农民专业合作经济组织、行业协会等组织。

（一）具有监督和管理农产品地理标志及其产品的能力；

（二）具有为地理标志农产品生产、加工、营销提供指导服务的能力；

（三）具有独立承担民事责任的能力。

**第九条**　符合农产品地理标志登记条件的申请人，可以向省级人民政府农业行政主管部门提出登记申请，并提交下列申请材料：

（一）登记申请书；

（二）申请人资质证明；

（三）产品典型特征特性描述和相应产品品质鉴定报告；

（四）产地环境条件、生产技术规范和产品质量安全技术规范；

（五）地域范围确定性文件和生产地域分布图；

（六）产品实物样品或者样品图片；

（七）其它必要的说明性或者证明性材料。

**第十条** 省级人民政府农业行政主管部门自受理农产品地理标志登记申请之日起，应当在45个工作日内完成申请材料的初审和现场核查，并提出初审意见。符合条件的，将申请材料和初审意见报送农业部农产品质量安全中心；不符合条件的，应当在提出初审意见之日起10个工作日内将相关意见和建议通知申请人。

**第十一条** 农业部农产品质量安全中心应当自收到申请材料和初审意见之日起20个工作日内，对申请材料进行审查，提出审查意见，并组织专家评审。

专家评审工作由农产品地理标志登记评审委员会承担。农产品地理标志登记专家评审委员会应当独立做出评审结论，并对评审结论负责。

**第十二条** 经专家评审通过的，由农业部农产品质量安全中心代表农业部对社会公示。

有关单位和个人有异议的，应当自公示截止日起20日内向农业部农产品质量安全中心提出。公示无异议的，由农业部做出登记决定并公告，颁发《中华人民共和国农产品地理标志登记证书》，公布登记产品相关技术规范和标准。

专家评审没有通过的，由农业部做出不予登记的决定，书面通知申请人，并说明理由。

**第十三条** 农产品地理标志登记证书长期有效。

有下列情形之一的，登记证书持有人应当按照规定程序提出变更申请：

（一）登记证书持有人或者法定代表人发生变化的；

（二）地域范围或者相应自然生态环境发生变化的。

**第十四条** 农产品地理标志实行公共标识与地域产品名称相结合的标注制度。农产品地理标志使用规范由农业部另行制定公布。

## 第三章 标志使用

**第十五条** 符合下列条件的单位和个人，可以向登记证书持有人申请使用农产品地理标志：

（一）生产经营的农产品产自登记确定的地域范围；

（二）已取得登记农产品相关的生产经营资质；

（三）能够严格按照规定的质量技术规范组织开展生产经营活动；

（四）具有地理标志农产品市场开发经营能力。

使用农产品地理标志，应当按照生产经营年度与登记证书持有人签订农产品地理标志使用协议，在协议中载明使用的数量、范围及相关的责任义务。

农产品地理标志登记证书持有人不得向农产品地理标志使用人收取使用费。

**第十六条** 农产品地理标志使用人享有以下权利：

（一）可以在产品及其包装上使用农产品地理标志；

（二）可以使用登记的农产品地理标志进行宣传和参加展览、展示及展销。

**第十七条** 农产品地理标志使用人应当履行以下义务：

（一）自觉接受登记证书持有人的监督检查；

（二）保证地理标志农产品的品质和信誉；

（三）正确规范地使用农产品地理标志。

## 第四章 监督管理

**第十八条** 县级以上人民政府农业行政主管部门应当加强农产品地理标志监督管理工作，定期对登记的地理标志农产品的地域范围、标志使用等进行监督检查。

登记的地理标志农产品或登记证书持有人不符合本办法第六条、第七条规定的，由农业部注销其地理标志登记证书并对外公告。

**第十九条** 地理标志农产品的生产经营者，应当建立质量控制追溯体系。农产品地理标志登记证书持有人和标志使用人，对地理标志农产品的质量和信誉负责。

**第二十条** 任何单位和个人不得伪造、冒用农产品地理标志和登记证书。

**第二十一条** 国家鼓励单位和个人对农产品地理标志进行社会监督。

**第二十二条** 从事农产品地理标志登记管理和监督检查的工作人员滥用职权、玩忽职守、徇私舞弊的，依法给予处分；涉嫌犯罪的，依法移送司法机关追究刑事责任。

**第二十三条** 违反本办法规定的，由县级以上人民政府农业行政主管部门依照《中华人民共和国农产品质量安全法》有关规定处罚。

## 第五章 附 则

**第二十四条** 农业部接受国外农产品地理标志在中华人民共和国的登记并给予保护，具体办法另行规定。

**第二十五条** 本办法自 2008 年 2 月 1 日起施行。

# 地理标志产品保护规定

国家质量监督检验检疫总局令

第78号

《地理标志产品保护规定》经2005年5月16日国家质量监督检验检疫总局局务会议审议通过，现予公布，自2005年7月15日起施行。

国家质量监督检验检疫总局

二〇〇五年六月七日

## 第一章　总　则

**第一条**　为了有效保护我国的地理标志产品，规范地理标志产品名称和专用标志的使用，保证地理标志产品的质量和特色，根据《中华人民共和国产品质量法》、《中华人民共和国标准化法》、《中华人民共和国进出口商品检验法》等有关规定，制定本规定。

**第二条**　本规定所称地理标志产品，是指产自特定地域，所具有的质量、声誉或其他特性本质上取决于该产地的自然因素和人文因素，经审核批准以地理名称进行命名的产品。地理标志产品包括：

（一）来自本地区的种植、养殖产品。

（二）原材料全部来自本地区或部分来自其他地区，并在本地区按照特定工艺生产和加工的产品。

**第三条**　本规定适用于对地理标志产品的申请受理、审核批准、地理标志专用标志注册登记和监督管理工作。

**第四条**　国家质量监督检验检疫总局（以下简称“国家质检总局”）统一管理全国的地理标志产品保护工作。各地出入境检验检疫局和质量技术监督局（以下简称各地质检机构）依照职能开展地理标志产品保护工作。

**第五条** 申请地理标志产品保护，应依照本规定经审核批准。使用地理标志产品专用标志，必须依照本规定经注册登记，并接受监督管理。

**第六条** 地理标志产品保护遵循申请自愿，受理及批准公开的原则。

**第七条** 申请地理标志保护的产品应当符合安全、卫生、环保的要求，对环境、生态、资源可能产生危害的产品，不予受理和保护。

## 第二章 申请及受理

**第八条** 地理标志产品保护申请，由当地县级以上人民政府指定的地理标志产品保护申请机构或人民政府认定的协会和企业（以下简称申请人）提出，并征求相关部门意见。

**第九条** 申请保护的产品在县域范围内的，由县级人民政府提出产地范围的建议；跨县域范围的，由地市级人民政府提出产地范围的建议；跨地市范围的，由省级人民政府提出产地范围的建议。

**第十条** 申请人应提交以下资料：

（一）有关地方政府关于划定地理标志产品产地范围的建议。

（二）有关地方政府成立申请机构或认定协会、企业作为申请人的文件。

（三）地理标志产品的证明材料，包括：

1. 地理标志产品保护申请书；

2. 产品名称、类别、产地范围及地理特征的说明；

3. 产品的理化、感官等质量特色及其与产地的自然因素和人文因素之间关系的说明；

4. 产品生产技术规范（包括产品加工工艺、安全卫生要求、加工设备的技术要求等）；

5. 产品的知名度，产品生产、销售情况及历史渊源的说明；

（四）拟申请的地理标志产品的技术标准。

**第十一条** 出口企业的地理标志产品的保护申请向本辖区内出入境检验检疫部门提出；按地域提出的地理标志产品的保护申请和其他地理标志产品的保护申请向当地（县级或县级以上）质量技术监督部门提出。

**第十二条** 省级质量技术监督局和直属出入境检验检疫局，按照分工，分别负责对拟申报的地理标志产品的保护申请提出初审意见，并将相关文件、资料上报国家质检总局。

## 第三章 审核及批准

**第十三条** 国家质检总局对收到的申请进行形式审查。审查合格的，由国家质检总局在国家质检总局公报、政府网站等媒体上向社会发布受理公告；审查不合格的，应书面告知申请人。

**第十四条** 有关单位和个人对申请有异议的，可在公告后的 2 个月内向国家质检总局提出。

**第十五条** 国家质检总局按照地理标志产品的特点设立相应的专家审查委员会，负责地理标志产品保护申请的技术审查工作。

**第十六条** 国家质检总局组织专家审查委员会对没有异议或者有异议但被驳回的申请进行技术审查，审查合格的，由国家质检总局发布批准该产品获得地理标志产品保护的公告。

## 第四章 标准制订及专用标志使用

**第十七条** 拟保护的地理标志产品，应根据产品的类别、范围、知名度、产品的生产销售等方面的因素，分别制订相应的国家标准、地方标准或管理规范。

**第十八条** 国家标准化行政主管部门组织草拟并发布地理标志保护产品的国家标准；省级地方人民政府标准化行政主管部门组织草拟并发布地理标志保护产品的地方标准。

**第十九条** 地理标志保护产品的质量检验由省级质量技术监督部

门、直属出入境检验检疫部门指定的检验机构承担。必要时，国家质检总局将组织予以复检。

**第二十条** 地理标志产品产地范围内的生产者使用地理标志产品专用标志，应向当地质量技术监督局或出入境检验检疫局提出申请，并提交以下资料：

（一）地理标志产品专用标志使用申请书。

（二）由当地政府主管部门出具的产品产自特定地域的证明。

（三）有关产品质量检验机构出具的检验报告。

上述申请经省级质量技术监督局或直属出入境检验检疫局审核，并经国家质检总局审查合格注册登记后，发布公告，生产者即可在其产品上使用地理标志产品专用标志，获得地理标志产品保护。

## 第五章 保护和监督

**第二十一条** 各地质检机构依法对地理标志保护产品实施保护。对于擅自使用或伪造地理标志名称及专用标志的；不符合地理标志产品标准和管理规范要求而使用该地理标志产品的名称的；或者使用与专用标志相近、易产生误解的名称或标识及可能误导消费者的文字或图案标志，使消费者将该产品误认为地理标志保护产品的行为，质量技术监督部门和出入境检验检疫部门将依法进行查处。社会团体、企业和个人可监督、举报。

**第二十二条** 各地质检机构对地理标志产品的产地范围，产品名称，原材料，生产技术工艺，质量特色，质量等级、数量、包装、标识，产品专用标志的印刷、发放、数量、使用情况，产品生产环境、生产设备，产品的标准符合性等方面进行日常监督管理。

**第二十三条** 获准使用地理标志产品专用标志资格的生产者，未按相应标准和管理规范组织生产的，或者在2年内未在受保护的地理标志产品上使用专用标志的，国家质检总局将注销其地理标志产品专用标志使用注册登记，停止其使用地理标志产品专用标志并对外公告。

**第二十四条** 违反本规定的，由质量技术监督行政部门和出入境检验检疫部门依据《中华人民共和国产品质量法》、《中华人民共和国标准化法》、《中华人民共和国进出口商品检验法》等有关法律予以行政处罚。

**第二十五条** 从事地理标志产品保护工作的人员应忠于职守，秉公办事，不得滥用职权、以权谋私，不得泄露技术秘密。违反以上规定的，予以行政纪律处分；构成犯罪的依法追究刑事责任。

## 第六章 附 则

**第二十六条** 国家质检总局接受国外地理标志产品在中华人民共和国的注册并实施保护。具体办法另外规定。

**第二十七条** 本规定由国家质检总局负责解释。

**第二十八条** 本规定自 2005 年 7 月 15 日起施行。原国家质量技术监督局公布的《原产地域产品保护规定》同时废止。原国家出入境检验检疫局公布的《原产地标记管理规定》、《原产地标记管理规定实施办法》中关于地理标志的内容与本规定不一致的，以本规定为准。

# 农产品包装和标识管理办法

中华人民共和国农业部令

第70号

《农产品包装和标识管理办法》业经2006年9月30日农业部第25次常务会议审议通过，现予公布，自2006年11月1日起施行。

部长　杜青林

二〇〇六年十月十七日

## 第一章　总　则

**第一条**　为规范农产品生产经营行为，加强农产品包装和标识管理，建立健全农产品可追溯制度，保障农产品质量安全，依据《中华人民共和国农产品质量安全法》，制定本办法。

**第二条**　农产品的包装和标识活动应当符合本办法规定。

**第三条**　农业部负责全国农产品包装和标识的监督管理工作。

县级以上地方人民政府农业行政主管部门负责本行政区域内农产品包装和标识的监督管理工作。

**第四条**　国家支持农产品包装和标识科学研究，推行科学的包装方法，推广先进的标识技术。

**第五条**　县级以上人民政府农业行政主管部门应当将农产品包装和标识管理经费纳入年度预算。

**第六条**　县级以上人民政府农业行政主管部门对在农产品包装和标识工作中做出突出贡献的单位和个人，予以表彰和奖励。

## 第二章 农产品包装

**第七条** 农产品生产企业、农民专业合作经济组织以及从事农产品收购的单位或者个人，用于销售的下列农产品必须包装：

（一）获得无公害农产品、绿色食品、有机农产品等认证的农产品，但鲜活畜、禽、水产品除外。

（二）省级以上人民政府农业行政主管部门规定的其他需要包装销售的农产品。

符合规定包装的农产品拆包后直接向消费者销售的，可以不再另行包装。

**第八条** 农产品包装应当符合农产品储藏、运输、销售及保障安全的要求，便于拆卸和搬运。

**第九条** 包装农产品的材料和使用的保鲜剂、防腐剂、添加剂等物质必须符合国家强制性技术规范要求。

包装农产品应当防止机械损伤和二次污染。

## 第三章 农产品标识

**第十条** 农产品生产企业、农民专业合作经济组织以及从事农产品收购的单位或者个人包装销售的农产品，应当在包装物上标注或者附加标识标明品名、产地、生产者或者销售者名称、生产日期。

有分级标准或者使用添加剂的，还应当标明产品质量等级或者添加剂名称。

未包装的农产品，应当采取附加标签、标识牌、标识带、说明书等形式标明农产品的品名、生产地、生产者或者销售者名称等内容。

**第十一条** 农产品标识所用文字应当使用规范的中文。标识标注的内容应当准确、清晰、显著。

**第十二条** 销售获得无公害农产品、绿色食品、有机农产品等质量标志使用权的农产品，应当标注相应标志和发证机构。

禁止冒用无公害农产品、绿色食品、有机农产品等质量标志。

**第十三条** 畜禽及其产品、属于农业转基因生物的农产品，还应当按照有关规定进行标识。

## 第四章 监督检查

**第十四条** 农产品生产企业、农民专业合作经济组织以及从事农产品收购的单位或者个人，应当对其销售农产品的包装质量和标识内容负责。

**第十五条** 县级以上人民政府农业行政主管部门依照《中华人民共和国农产品质量安全法》对农产品包装和标识进行监督检查。

**第十六条** 有下列情形之一的，由县级以上人民政府农业行政主管部门按照《中华人民共和国农产品质量安全法》第四十八条、四十九条、五十一条、五十二条的规定处理、处罚：

（一）使用的农产品包装材料不符合强制性技术规范要求的；

（二）农产品包装过程中使用的保鲜剂、防腐剂、添加剂等材料不符合强制性技术规范要求的；

（三）应当包装的农产品未经包装销售的；

（四）冒用无公害农产品、绿色食品等质量标志的；

（五）农产品未按照规定标识的。

## 第五章 附 则

**第十七条** 本办法下列用语的含义：

（一）农产品包装：是指对农产品实施装箱、装盒、装袋、包裹、捆扎等。

（二）保鲜剂：是指保持农产品新鲜品质，减少流通损失，延长贮存时间的人工合成化学物质或者天然物质。

（三）防腐剂：是指防止农产品腐烂变质的人工合成化学物质或者天然物质。

（四）添加剂：是指为改善农产品品质和色、香、味以及加工性能加入的人工合成化学物质或者天然物质。

（五）生产日期：植物产品是指收获日期；畜禽产品是指屠宰或者产出日期；水产品是指起捕日期；其他产品是指包装或者销售时的日期。

**第十八条** 本办法自2006年11月1日起施行。

# 农产品质量安全检测机构考核办法

中华人民共和国农业部令

第7号

《农产品质量安全检测机构考核办法》业经2007年10月30日农业部第13次常务会议审议通过，现予公布，自2008年1月12日起施行。

中华人民共和国农业部

二〇〇七年十二月十二日

## 第一章 总 则

**第一条** 为加强农产品质量安全检测机构管理，规范农产品质量安全检测机构考核，根据《中华人民共和国农产品质量安全法》等有关法律、行政法规的规定，制定本办法。

**第二条** 本办法所称考核，是指省级以上人民政府农业行政主管部门按照法律、法规以及相关标准和技术规范的要求，对向社会出具具有证明作用的数据和结果的农产品质量安全检测机构进行条件与能力评审和确认的活动。

**第三条** 农产品质量安全检测机构经考核和计量认证合格后，方可对外从事农产品、农业投入品和产地环境检测工作。

**第四条** 农业部负责全国农产品质量安全检测机构考核的监督管理工作。

省、自治区、直辖市人民政府农业行政主管部门（以下简称省级农业行政主管部门）负责本行政区域农产品质量安全检测机构考核的监督管理工作。

**第五条** 农产品质量安全检测机构建设，应当统筹规划，合理布局。鼓励检测资源共享，推进县级农产品综合性质检测机构建设。

## 第二章 基本条件与能力要求

**第六条** 农产品质量安全检测机构应当依法设立，保证客观、公正和独立地从事检测活动，并承担相应的法律责任。

**第七条** 农产品质量安全检测机构应当具有与其从事的农产品质量安全检测活动相适应的管理和技术人员。

从事农产品质量安全检测的技术人员应当具有相关专业中专以上学历，并经省级以上人民政府农业行政主管部门考核合格。

**第八条** 农产品质量安全检测机构的技术人员应当不少于 5 人，其中中级职称以上人员比例不低于 40%。

技术负责人和质量负责人应当具有中级以上技术职称，并从事农产品质量安全相关工作 5 年以上。

**第九条** 农产品质量安全检测机构应当具有与其从事的农产品质量安全检测活动相适应的检测仪器设备，仪器设备配备率达到 98%，在用仪器设备完好率达到 100%。

**第十条** 农产品质量安全检测机构应当具有与检测活动相适应的固定工作场所，并具备保证检测数据准确的环境条件。

从事相关田间试验和饲养实验动物试验检测的，还应当符合检疫、防疫和环保的要求。

从事农业转基因生物及其产品检测的，还应当具备防范对人体、动植物和环境产生危害的条件。

**第十一条** 农产品质量安全检测机构应当建立质量管理与质量保证体系。

**第十二条** 农产品质量安全检测机构应当具有相对稳定的工作经费。

## 第三章 申请与评审

**第十三条** 申请考核的农产品质量安全检测机构（以下简称申请人），应当向农业部或者省级人民政府农业行政主管部门（以下简称考核机关）提出书面申请。

国务院有关部门依法设立或者授权的农产品质量安全检测机构，经有关部门审核同意后向农业部提出申请。

其他农产品质量安全检测机构，向所在地省级人民政府农业行政主管部门提出申请。

**第十四条** 申请人应当向考核机关提交下列材料：

（一）申请书；

（二）机构法人资格证书或者其授权的证明文件；

（三）上级或者有关部门批准机构设置的证明文件；

（四）质量体系文件；

（五）计量认证情况；

（六）近两年内的典型性检验报告2份；

（七）其他证明材料。

**第十五条** 考核机关设立或者委托的技术审查机构，负责对申请材料进行初审。

**第十六条** 考核机关受理申请的，应当及时通知申请人，并将申请材料送技术审查机构；不予受理的，应当及时通知申请人并说明理由。

**第十七条** 技术审查机构应当自收到申请材料之日起10个工作日内完成对申请材料的初审，并向考核机关提交初审报告。

通过初审的，考核机关安排现场评审；未通过初审的，考核机关应当出具初审不合格通知书。

**第十八条** 现场评审实行评审专家组负责制。专家组由3-5名评审员组成。

评审员应当具有高级以上技术职称、从事农产品质量安全检测或相关工作5年以上，并经农业部考核合格。

评审专家组应当在3个工作日内完成评审工作，并向考核机关提交现场评审报告。

**第十九条** 现场评审应当包括以下内容：

（一）质量体系运行情况；

（二）检测仪器设备和设施条件；

（三）检测能力。

## 第四章 审批与颁证

**第二十条** 考核机关应当自收到现场评审报告之日起10个工作日内，做出申请人是否通过考核的决定。

通过考核的，颁发《中华人民共和国农产品质量安全检测机构考核合格证书》（以下简称《考核合格证书》），准许使用农产品质量安全检测考核标志，并予以公告。

未通过考核的，书面通知申请人并说明理由。

**第二十一条** 《考核合格证书》应当载明农产品质量安全检测机构名称、检测范围和有效期等内容。

**第二十二条** 省级农业行政主管部门应当自颁发《考核合格证书》之日起15个工作日内向农业部备案。

## 第五章 延续与变更

**第二十三条** 《考核合格证书》有效期为3年。

证书期满继续从事农产品质量安全检测工作的，应当在有效期满前六个月内提出申请，重新办理《考核合格证书》。

**第二十四条** 在证书有效期内，农产品质量安全检测机构法定代表人、名称或者地址变更的，应当向原考核机关办理变更手续。

**第二十五条**　在证书有效期内，农产品质量安全检测机构有下列情形之一的，应当向原考核机关重新申请考核：

（一）检测机构分设或者合并的；

（二）检测仪器设备和设施条件发生重大变化的；

（三）检测项目增加的。

## 第六章　监督管理

**第二十六条**　农业部负责对农产品质量安全检测机构进行能力验证和检查。不符合条件的，责令限期改正；逾期不改正的，由考核机关撤销其《考核合格证书》。

**第二十七条**　对于农产品质量安全检测机构考核工作中的违法行为，任何单位和个人均可以向考核机关举报。考核机关应当对举报内容进行调查核实，并为举报人保密。

**第二十八条**　考核机关在考核中发现农产品质量安全检测机构有下列行为之一的，应当予以警告；情节严重的，取消考核资格，一年内不再受理其考核申请：

（一）隐瞒有关情况或者弄虚作假的；

（二）采取贿赂等不正当手段的。

**第二十九条**　农产品质量安全检测机构有下列行为之一的，考核机关应当视情况注销其《考核合格证书》：

（一）所在单位撤销或者法人资格终结的；

（二）检测仪器设备和设施条件发生重大变化，不具备相应检测能力，未按本办法规定重新申请考核的；

（三）擅自扩大农产品质量安全检测项目范围的；

（四）依法可注销检测机构资格的其他情形。

**第三十条**　农产品质量安全检测机构伪造检测结果或者出具虚假证明的，依照《中华人民共和国农产品质量安全法》第四十四条的规定处罚。

**第三十一条** 从事考核工作的人员不履行职责或者滥用职权的，依法给予处分。

## 第七章 附 则

**第三十二条** 法律、行政法规和农业部规章对农业投入品检测机构考核另有规定的，从其规定。

**第三十三条** 本办法自 2008 年 1 月 1 日起施行。

# 国务院关于加强食品等产品安全监督管理的特别规定

中华人民共和国国务院令

第503号

《国务院关于加强食品等产品安全监督管理的特别规定》已经2007年7月25日国务院第186次常务会议通过，现予公布，自公布之日起施行。

总理　温家宝

二〇〇七年七月二十六日

**第一条**　为了加强食品等产品安全监督管理，进一步明确生产经营者、监督管理部门和地方人民政府的责任，加强各监督管理部门的协调、配合，保障人体健康和生命安全，制定本规定。

**第二条**　本规定所称产品除食品外，还包括食用农产品、药品等与人体健康和生命安全有关的产品。

对产品安全监督管理，法律有规定的，适用法律规定；法律没有规定或者规定不明确的，适用本规定。

**第三条**　生产经营者应当对其生产、销售的产品安全负责，不得生产、销售不符合法定要求的产品。

依照法律、行政法规规定生产、销售产品需要取得许可证照或者需要经过认证的，应当按照法定条件、要求从事生产经营活动。不按照法定条件、要求从事生产经营活动或者生产、销售不符合法定要求产品的，由农业、卫生、质检、商务、工商、药品等监督管理部门依据各自职责，没收违法所得、产品和用于违法生产的工具、设备、原材料等物品，货值金额不足5000元的，并处5万元罚款；货值金额

5000 元以上不足 1 万元的，并处 10 万元罚款；货值金额 1 万元以上的，并处货值金额 10 倍以上 20 倍以下的罚款；造成严重后果的，由原发证部门吊销许可证照；构成非法经营罪或者生产、销售伪劣商品罪等犯罪的，依法追究刑事责任。

生产经营者不再符合法定条件、要求，继续从事生产经营活动的，由原发证部门吊销许可证照，并在当地主要媒体上公告被吊销许可证照的生产经营者名单；构成非法经营罪或者生产、销售伪劣商品罪等犯罪的，依法追究刑事责任。

依法应当取得许可证照而未取得许可证照从事生产经营活动的，由农业、卫生、质检、商务、工商、药品等监督管理部门依据各自职责，没收违法所得、产品和用于违法生产的工具、设备、原材料等物品，货值金额不足 1 万元的，并处 10 万元罚款；货值金额 1 万元以上的，并处货值金额 10 倍以上 20 倍以下的罚款；构成非法经营罪的，依法追究刑事责任。

有关行业协会应当加强行业自律，监督生产经营者的生产经营活动；加强公众健康知识的普及、宣传，引导消费者选择合法生产经营者生产、销售的产品以及有合法标识的产品。

**第四条**　生产者生产产品所使用的原料、辅料、添加剂、农业投入品，应当符合法律、行政法规的规定和国家强制性标准。

违反前款规定，违法使用原料、辅料、添加剂、农业投入品的，由农业、卫生、质检、商务、药品等监督管理部门依据各自职责没收违法所得，货值金额不足 5000 元的，并处 2 万元罚款；货值金额 5000 元以上不足 1 万元的，并处 5 万元罚款；货值金额 1 万元以上的，并处货值金额 5 倍以上 10 倍以下的罚款；造成严重后果的，由原发证部门吊销许可证照；构成生产、销售伪劣商品罪的，依法追究刑事责任。

**第五条**　销售者必须建立并执行进货检查验收制度，审验供货商的经营资格，验明产品合格证明和产品标识，并建立产品进货台账，如实记录产品名称、规格、数量、供货商及其联系方式、进货时间等内容。从事产品批发业务的销售企业应当建立产品销售台账，如实记录批发的产品品种、规格、数量、流向等内容。在产品集中交易场所销售自制产品的生产企业应当比照从事产品批发业务的销售企业的规定，履行建立产品销售台账的义务。进货台账和销售台账保存期限不得少于2年。销售者应当向供货商按照产品生产批次索要符合法定条件的检验机构出具的检验报告或者由供货商签字或者盖章的检验报告复印件；不能提供检验报告或者检验报告复印件的产品，不得销售。

违反前款规定的，由工商、药品监督管理部门依据各自职责责令停止销售；不能提供检验报告或者检验报告复印件销售产品的，没收违法所得和违法销售的产品，并处货值金额3倍的罚款；造成严重后果的，由原发证部门吊销许可证照。

**第六条** 产品集中交易市场的开办企业、产品经营柜台出租企业、产品展销会的举办企业，应当审查入场销售者的经营资格，明确入场销售者的产品安全管理责任，定期对入场销售者的经营环境、条件、内部安全管理制度和经营产品是否符合法定要求进行检查，发现销售不符合法定要求产品或者其他违法行为的，应当及时制止并立即报告所在地工商行政管理部门。

违反前款规定的，由工商行政管理部门处以1000元以上5万元以下的罚款；情节严重的，责令停业整顿；造成严重后果的，吊销营业执照。

**第七条** 出口产品的生产经营者应当保证其出口产品符合进口国（地区）的标准或者合同要求。法律规定产品必须经过检验方可出口的，应当经符合法律规定的机构检验合格。

出口产品检验人员应当依照法律、行政法规规定和有关标准、程序、方法进行检验，对其出具的检验证单等负责。

出入境检验检疫机构和商务、药品等监督管理部门应当建立出口产品的生产经营者良好记录和不良记录，并予以公布。对有良好记录的出口产品的生产经营者，简化检验检疫手续。

出口产品的生产经营者逃避产品检验或者弄虚作假的，由出入境检验检疫机构和药品监督管理部门依据各自职责，没收违法所得和产品，并处货值金额3倍的罚款；构成犯罪的，依法追究刑事责任。

**第八条** 进口产品应当符合我国国家技术规范的强制性要求以及我国与出口国（地区）签订的协议规定的检验要求。

质检、药品监督管理部门依据生产经营者的诚信度和质量管理水平以及进口产品风险评估的结果，对进口产品实施分类管理，并对进口产品的收货人实施备案管理。进口产品的收货人应当如实记录进口产品流向。记录保存期限不得少于2年。

质检、药品监督管理部门发现不符合法定要求产品时，可以将不符合法定要求产品的进货人、报检人、代理人列入不良记录名单。进口产品的进货人、销售者弄虚作假的，由质检、药品监督管理部门依据各自职责，没收违法所得和产品，并处货值金额3倍的罚款；构成犯罪的，依法追究刑事责任。进口产品的报检人、代理人弄虚作假的，取消报检资格，并处货值金额等值的罚款。

**第九条** 生产企业发现其生产的产品存在安全隐患，可能对人体健康和生命安全造成损害的，应当向社会公布有关信息，通知销售者停止销售，告知消费者停止使用，主动召回产品，并向有关监督管理部门报告；销售者应当立即停止销售该产品。销售者发现其销售的产品存在安全隐患，可能对人体健康和生命安全造成损害的，应当立即停止销售该产品，通知生产企业或者供货商，并向有关监督管理部门报告。

生产企业和销售者不履行前款规定义务的，由农业、卫生、质检、商务、工商、药品等监督管理部门依据各自职责，责令生产企业召回产品、销售者停止销售，对生产企业并处货值金额3倍的罚款，对销售者并处1000元以上5万元以下的罚款；造成严重后果的，由原发证部门吊销许可证照。

**第十条** 县级以上地方人民政府应当将产品安全监督管理纳入政府工作考核目标，对本行政区域内的产品安全监督管理负总责，统一领导、协调本行政区域内的监督管理工作，建立健全监督管理协调机制，加强对行政执法的协调、监督；统一领导、指挥产品安全突发事件应对工作，依法组织查处产品安全事故；建立监督管理责任制，对各监督管理部门进行评议、考核。质检、工商和药品等监督管理部门应当在所在地同级人民政府的统一协调下，依法做好产品安全监督管理工作。

县级以上地方人民政府不履行产品安全监督管理的领导、协调职责，本行政区域内一年多次出现产品安全事故、造成严重社会影响的，由监察机关或者任免机关对政府的主要负责人和直接负责的主管人员给予记大过、降级或者撤职的处分。

**第十一条** 国务院质检、卫生、农业等主管部门在各自职责范围内尽快制定、修改或者起草相关国家标准，加快建立统一管理、协调配套、符合实际、科学合理的产品标准体系。

**第十二条** 县级以上人民政府及其部门对产品安全实施监督管理，应当按照法定权限和程序履行职责，做到公开、公平、公正。对生产经营者同一违法行为，不得给予 2 次以上罚款的行政处罚；对涉嫌构成犯罪、依法需要追究刑事责任的，应当依照《行政执法机关移送涉嫌犯罪案件的规定》，向公安机关移送。

农业、卫生、质检、商务、工商、药品等监督管理部门应当依据各自职责对生产经营者进行监督检查，并对其遵守强制性标准、法定要求的情况予以记录，由监督检查人员签字后归档。监督检查记录应当作为其直接负责主管人员定期考核的内容。公众有权查阅监督检查记录。

**第十三条** 生产经营者有下列情形之一的，农业、卫生、质检、商务、工商、药品等监督管理部门应当依据各自职责采取措施，纠正违法行为，防止或者减少危害发生，并依照本规定予以处罚：

（一）依法应当取得许可证照而未取得许可证照从事生产经营活动的；

（二）取得许可证照或者经过认证后，不按照法定条件、要求从事生产经营活动或者生产、销售不符合法定要求产品的；

（三）生产经营者不再符合法定条件、要求继续从事生产经营活动的；

（四）生产者生产产品不按照法律、行政法规的规定和国家强制性标准使用原料、辅料、添加剂、农业投入品的；

（五）销售者没有建立并执行进货检查验收制度，并建立产品进货台账的；

（六）生产企业和销售者发现其生产、销售的产品存在安全隐患，可能对人体健康和生命安全造成损害，不履行本规定的义务的；

（七）生产经营者违反法律、行政法规和本规定的其他有关规定的。

农业、卫生、质检、商务、工商、药品等监督管理部门不履行前款规定职责、造成后果的，由监察机关或者任免机关对其主要负责人、直接负责的主管人员和其他直接责任人员给予记大过或者降级的处分；造成严重后果的，给予其主要负责人、直接负责的主管人员和其他直接责任人员撤职或者开除的处分；其主要负责人、直接负责的主管人员和其他直接责任人员构成渎职罪的，依法追究刑事责任。

违反本规定，滥用职权或者有其他渎职行为的，由监察机关或者任免机关对其主要负责人、直接负责的主管人员和其他直接责任人员给予记过或者记大过的处分；造成严重后果的，给予其主要负责人、直接负责的主管人员和其他直接责任人员降级或者撤职的处分；其主要负责人、直接负责的主管人员和其他直接责任人员构成渎职罪的，依法追究刑事责任。

**第十四条** 农业、卫生、质检、商务、工商、药品等监督管理部门发现违反本规定的行为，属于其他监督管理部门职责的，应当立即书面通知并移交有权处理的监督管理部门处理。有权处理的部门应当立即处理，不得推诿；因不立即处理或者推诿造成后果的，由监察机关或者任免机关对其主要负责人、直接负责的主管人员和其他直接责任人员给予记大过或者降级的处分。

**第十五条** 农业、卫生、质检、商务、工商、药品等监督管理部门履行各自产品安全监督管理职责，有下列职权：

（一）进入生产经营场所实施现场检查；

（二）查阅、复制、查封、扣押有关合同、票据、账簿以及其他有关资料；

（三）查封、扣押不符合法定要求的产品，违法使用的原料、辅料、添加剂、农业投入品以及用于违法生产的工具、设备；

（四）查封存在危害人体健康和生命安全重大隐患的生产经营场所。

**第十六条** 农业、卫生、质检、商务、工商、药品等监督管理部门应当建立生产经营者违法行为记录制度，对违法行为的情况予以记录并公布；对有多次违法行为记录的生产经营者，吊销许可证照。

**第十七条** 检验检测机构出具虚假检验报告，造成严重后果的，由授予其资质的部门吊销其检验检测资质；构成犯罪的，对直接负责的主管人员和其他直接责任人员依法追究刑事责任。

**第十八条** 发生产品安全事故或者其他对社会造成严重影响的产品安全事件时，农业、卫生、质检、商务、工商、药品等监督管理部门必须在各自职责范围内及时作出反应，采取措施，控制事态发展，减少损失，依照国务院规定发布信息，做好有关善后工作。

**第十九条** 任何组织或者个人对违反本规定的行为有权举报。接到举报的部门应当为举报人保密。举报经调查属实的，受理举报的部门应当给予举报人奖励。

农业、卫生、质检、商务、工商、药品等监督管理部门应当公布本单位的电子邮件地址或者举报电话；对接到的举报，应当及时、完整地进行记录并妥善保存。举报的事项属于本部门职责的，应当受理，并依法进行核实、处理、答复；不属于本部门职责的，应当转交有权处理的部门，并告知举报人。

**第二十条** 本规定自公布之日起施行。

# 农业部蔬菜生产信息监测管理办法（试行）

农业部办公厅关于印发《农业部蔬菜生产信息监测管理办法（试行）》的通知

各省、自治区、直辖市、计划单列市农业（农牧、农村经济、农林）厅（委、局），新疆生产建设兵团农业局，中国农科院蔬菜花卉研究所：

为建立健全蔬菜生产信息监测体系，逐步实现科学化、规范化和制度化管理，提高监测数据的及时性、准确性、全面性，增强形势研判的可靠性，提高信息发布的权威性，我部制定了《农业部蔬菜生产信息监测管理办法（试行）》。现印发给你们，自印发之日起施行。

二〇一一年五月六日

## 第一章　总　则

**第一条**　蔬菜生产信息监测的目的是及时掌握蔬菜生产动态信息，指导农民合理安排生产，引导产品有序流通，促进生产稳定发展和市场平稳运行。

**第二条**　蔬菜生产信息监测的主要任务是在主产区建立蔬菜生产信息监测体系，及时采集、分析、发布产销信息，为准确研判蔬菜产销形势提供依据。

**第三条**　蔬菜生产信息监测的主要工作包括乡级信息员采集、业务主管单位审核汇总、计算机网络平台传送、行业专家分析、农业部发布等。

**第四条**　各级蔬菜生产主管单位和信息员及有关单位，在开展蔬菜生产监测工作时必须遵守本办法，及时采集、审核汇总、报送信息，不得拒报、迟报、虚报、瞒报，不得伪造、篡改信息资料。

## 第二章　机构与人员

**第五条**　农业部种植业管理司负责全国蔬菜生产信息监测工作，中国农科院蔬菜花卉研究所承担具体业务工作。

**第六条**　各级蔬菜生产主管单位负责蔬菜生产信息监测工作，安排固定的专职或兼职信息员。农业部蔬菜生产信息监测基点县要在蔬菜生产面积较大的乡（镇）确定 1 名信息员、若干固定的信息采集点。

**第七条**　信息员要有高度的责任心，并具备胜任蔬菜生产信息采集、审核汇总和报送工作的业务知识和能力。信息员实行备案制，未经允许不得撤换，以保持监测工作的稳定性和连续性。

## 第三章　工作职责

**第八条**　农业部种植业管理司负责组织、管理、协调全国蔬菜生产信息监测工作。

（一）制定全国蔬菜生产信息监测工作方案和管理办法；

（二）确定农业部蔬菜生产信息监测基点县；

（三）制定全国蔬菜生产信息监测报表；

（四）组织数据审查；

（五）定期组织蔬菜生产形势会商，形成分析报告，并适时发布预警；

（六）组织省级和基点县信息员业务培训；

（七）组织常规和应急性的调查研究；

（八）负责中央数据库和软件平台建设、维护与管理。

**第九条**　中国农科院蔬菜花卉研究所承担全国蔬菜生产信息监测具体业务工作。

（一）参与制定蔬菜生产信息监测工作方案、管理办法和报表；

（二）收集、审核和汇总蔬菜生产监测数据；

（三）会商蔬菜生产形势；

（四）撰写蔬菜生产形势分析报告；

（五）参与省级及基点县信息员业务培训；

（六）完成农业部交办的其他蔬菜信息监测工作。

**第十条** 农业部成立蔬菜信息监测专家组，主要承担以下工作：

（一）跟踪蔬菜产销形势；

（二）对月度、季度和年度蔬菜产销形势进行分析；

（三）参加形势会商；

（四）核查各地报送的数据资料，及时总结经验，发现问题，提出改进意见，并为考核监测工作提供依据；

（五）完成农业部交办的其他蔬菜信息监测工作。

**第十一条** 省级蔬菜生产主管单位负责组织、管理和协调本省（区、市）的蔬菜生产信息监测工作。

（一）制定本省（区、市）蔬菜生产信息监测工作方案和管理办法；

（二）向农业部推荐蔬菜生产信息监测基点县；

（三）及时审核、汇总、上报蔬菜监测数据信息；

（四）组织本省（区、市）蔬菜生产形势会商，形成报告并及时上报；

（五）组织市、县级信息员业务培训，建立各级信息员及基点县固定信息采集点档案，报农业部备案；

（六）及时向农业部报告本省（区、市）蔬菜生产中出现的新情况和新问题。

（七）完成农业部交办的其他蔬菜信息监测工作。

**第十二条** 农业部蔬菜生产信息监测基点县蔬菜主管单位负责信息监测工作的组织和实施。

（一）向省级蔬菜生产主管单位推荐乡（镇）蔬菜生产信息员和固定信息采集点；

（二）定期采集、上报主要蔬菜产地批发价格；

（三）指导乡（镇）蔬菜生产信息员采集信息、填写信息监测报表、建立监测信息档案；

（四）审核、录入、汇总数据，并及时上报省级蔬菜生产业务主管单位；

（五）组织乡（镇）蔬菜生产信息员培训；

（六）及时向省级蔬菜主管单位和农业部报告蔬菜生产中出现的新情况和新问题。

（七）完成上级蔬菜主管单位交办的其他蔬菜信息监测工作。

**第十三条** 农业部蔬菜生产信息监测基点县乡镇信息员负责本乡（镇）蔬菜生产信息采集工作。

（一）筛选蔬菜种植面积较大的企业、农民专业合作社和大户，建立固定信息采集点；

（二）按照要求采集蔬菜生产信息，并填写报表、建立档案；

（三）及时汇总和上报所采集的各项数据信息，配合县级信息员做好数据录入工作；

（四）完成县级蔬菜主管单位交办的其他信息监测工作。

## 第四章 监测数据的处理和发布

**第十四条** 各级蔬菜生产主管单位及乡（镇）信息员须保存数据资料 2 年以上，以备查阅。

**第十五条** 农业部负责全国蔬菜生产信息监测数据的处理和发布；未经农业部允许，各级蔬菜生产主管单位无权处理、发布及向任何单位和个人公开农业部蔬菜生产信息监测基点县的监测数据。

## 第五章 经费保障

**第十六条** 蔬菜生产信息监测项目资金主要用于信息采集、录入、审核、汇总，专家会商分析，信息发布，信息员培训，数据库和软件平台维护与管理等补助。

**第十七条** 各级蔬菜生产主管单位要加强对蔬菜生产信息监测专项经费监管，严格按照规定的范围使用项目资金，做到专款专用。省级蔬菜生产主管单位要保证经费足额拨付到基点县；基点县蔬菜生产主管单位要将信息采集补贴及时足额发放给乡（镇）信息员。

为了保证蔬菜生产信息监测工作顺利开展，各级蔬菜生产主管单位要积极争取财政等部门支持，增加投入。

## 第六章 考核管理

**第十八条** 蔬菜生产信息监测工作实行年度三级考核制。农业部种植业管理司考核省级蔬菜生产主管单位；省级蔬菜生产主管单位负责本省（区、市）蔬菜生产信息监测工作考核，重点考核农业部蔬菜生产信息监测基点县；基点县蔬菜生产主管单位考核乡镇信息员。基点县蔬菜信息监测工作考核办法和考核结果报农业部备案。

**第十九条** 蔬菜生产信息监测工作考核内容主要包括：组织领导情况，包括是否明确专门分管领导、固定的信息员，年初是否有工作部署，年终是否有工作总结，年度是否有考核、评比、通报表扬等；报表上报情况，包括是否准时上报报表以及报表的质量；文字材料上报情况，包括是否及时上报《蔬菜生产信息监测月历》规定的文字材料和临时应急调度的文字材料，是否及时上报当地生产政策、技术措施、产销动态等相关信息；其他，包括信息员培训情况，项目经费使用、管理情况，以及档案建立情况等。

**第二十条** 按照《蔬菜生产信息监测考核评分标准》进行打分，每季度通报得分情况，每年度累计分数考核一次，根据总分排列名次，评选和通报表扬蔬菜信息监测工作 A 级（第 1 耀 5 名）、B 级（第 6

耀10名）、C级单位（第11耀20名），作为下一年度蔬菜生产信息监测经费安排依据。

依据考核结果，对信息监测基点县和信息员实行动态管理。

## 第七章　附　则

**第二十一条**　本办法由农业部种植业管理司负责解释。

**第二十二条**　本办法自印发之日起施行。

# 农产品流通有关规定办法

## 出口食品、农产品免验管理规定（试行）

关于对出口食品、农产品试行免验制度的公告

国家质量监督检验检疫总局公告2006年第150号

为鼓励出口食品、农产品生产企业实施以质取胜战略，提高国际竞争力，促进食品、农产品出口，根据《中华人民共和国进出口商品检验法》和《中华人民共和国进出口商品检验法实施条例》的规定，国家质检总局决定对优质出口食品、农产品试行免验制度。获得免验资格的出口食品、农产品，在免验有效期内，出入境检验检疫机构对其实施免验管理。

自公告之日起，出口食品、农产品生产企业可向所在地直属出入境检验检疫局提出免验申请（申请表可在总局网站下载），各直属检验检疫局依据《出口食品、农产品免验管理规定（试行）》（附件）受理出口食品、农产品生产企业的免验申请，并按规定程序办理。

二〇〇六年十月九日

一、原则

为鼓励出口食品、农产品企业实施以质取胜战略，提高国际竞争力，根据《中华人民共和国进出口商品检验法》第五条和《中华人民共和国进出口商品检验法实施条例》第六条和出口商品免验办法的有关规定，国家质检总局对优质出口食品、农产品实行免验制度。免验工作应遵循以下原则：

（一）鼓励诚信原则：出口食品、农产品免验工作应推动企业诚信体系建设，激励企业诚实守信、自律守法，维护企业良好信誉，调动和发挥出口企业的积极性和自觉性，切实使企业承担起产品质量第一责任人的义务。

（二）扶优扶强原则：出口食品、农产品免验工作重点是生产规模大、管理水平好、产品质量优、社会认知度高的企业，营造有利于优良企业进一步发展的氛围。

（三）风险管理原则：出口食品、农产品免验工作，应以科学的风险分析为基础，综合考虑企业管理水平、产品特性、输入国要求等诸因素，实施风险分析和分类管理，将风险可控的企业及其产品纳入免验管理范畴。

（四）公开公正原则：出口食品、农产品免验工作的申请、审查、批准、监督管理应公开透明、公平公正，坚持依法行政。

（五）稳步推进原则：鉴于出口食品、农产品的敏感性、复杂性、特殊性，在开展这项工作的过程中，要先行试点、以点带面、逐步推开。

二、免验条件

申请出口免验的生产企业及其生产的食品、农产品应当符合以下条件：

1. 企业取得有效的出口食品卫生注册证书和 HACCP 等认证，具有完善的质量安全自控体系，并能对产品的质量安全进行有效控制；

2. 企业能常年保持正常的出口生产和经营活动，信誉良好，生产规模、出口数量、产品质量安全居行业领先地位，具有很强的影响力和示范性；

3. 出口食品生产加工企业除符合相关法规规定的条件外，须拥有符合要求、能满足出口需求的自属种植或养殖基地；

4. 企业申请出口免验的产品，质量长期稳定，连续三年检验检疫合格率达到百分之百，出口产品未发生质量安全问题；

5. 企业须具有完善检验管理制度和较强的自检能力，其实验室按ISO/IEC17025运行和管理，能满足出口产品相关项目的检测要求。

三、申请与审核程序

（一）申请。申请免验出口食品、农产品的生产企业，按照本管理规定的免验条件，认为符合条件的，可向所在地直属检验检疫局提交相关产品申请及相关证明材料。

（二）初审。直属检验检疫局对企业提交的申请及相关证明材料进行书面审核，符合本管理规定的，予以受理，不符合本管理规定的，不予受理，并通知申请人。初审工作应在收到企业申请材料后30天内完成。

受理免验申请后，直属检验检疫局要组成初审小组，对企业及提交的相关证明材料，依照本免验条件进行真实性、有效性、符合性、适宜性的初步审查。

经初步审查符合要求的，由直属检验检疫局向国家质检总局提出推荐意见，推荐意见须经直属检验检疫局局长审核签字；不符合要求的，由直属检验检疫局以书面形式通知申请人。

（三）审查。国家质检总局对直属检验检疫局上报的材料进行审核，符合要求的，组成专家审查组（以下简称审查组）对申请企业进行资格审查。

审查组审查工作应在收到申请材料后30天内完成，同时依据审查情况向国家质检总局提交免验审查情况报告，提出是否准予免验的意见。

（四）批准。国家质检总局根据审查组提交的审查报告，对申请企业提出的免验申请进行如下处理：

符合本管理规定的，国家质检总局批准其出口食品、农产品免验，向申请企业颁发《免验证书》，并予以公告。

对不符合本管理规定的，国家质检总局不予批准，并通知直属检验检疫局。

四、监督管理

（一）出口食品、农产品免验证书的有效期为2年。在有效期内，检验检疫机构对企业实施监督管理。有效期满要求续延的，免验企业应当在有效期满3个月前，向所在地检验检疫机构提出免验续延申请，经直属检验检疫局审核后，书面报告国家质检总局组织复核，合格后重新颁发免验证书。

（二）免验食品、农产品出口时，相关企业可凭有效的免验证书、外贸合同、信用证、企业对产品的自检报告等文件到检验检疫机构办理放行、出证手续，产品免于检验检疫，免予检验检疫收费。

（三）直属检验检疫局至少每季度组织一次对出口免验食品、农产品生产企业的全面监督检查。检查企业的质量安全控制体系是否运行正常；监督检查主要涉及食品、农产品安全卫生管理方面的关键控制环节是否得到有效控制。

在日常监督管理过程中，检验检疫机构可根据实际情况，对出口免验的食品、农产品进行适当的抽批检验，并建立相关免验食品、农产品企业的档案。

（四）检验检疫机构实施监督检查时，如发现影响产品一般性质量安全问题，应要求企业及时进行整改。在整改期间，其出口食品、农产品暂停免验。免验企业在整改期限内完成整改后，应向直属检验检疫局提交整改情况的报告，经直属检验检疫局审核合格后，恢复对其免验食品、农产品的免验资格。

（五）凡发现免验企业有下列情形之一的，直属检验检疫局应立即书面报告国家质检总局，由国家质检总局对该企业做出注销免验决定，并予以公告：

1. 企业质量安全控制体系运行出现严重问题，不能保证产品质量安全的；

2. 对重大质量安全事故、隐患隐瞒不报或不采取积极补救措施的；

3. 被进口国检出动植物疫情或有毒有害物质超过有关标准的；

4. 企业连续6个月无免验产品出口的；

5. 发现不符合免验条件等问题，并在6个月内仍不能整改到位的；

6. 假冒免验食品、农产品出口的；

7. 其他违反检验检疫法律法规行为的。

（六）所在地检验检疫机构自收到注销免验决定通知之日起，收回免验证书，并予以公告。被注销免验食品、农产品的企业，不再享受出口食品、农产品免验，3 年后方可重新提出免验申请。

（七）实施免验食品、农产品的范围应按国家质检总局批准证书规定范围执行。免验企业不得改变免验食品、农产品的加工工艺和范围，如有改变，应当重新办理免验申请手续。

（八）免验企业应当在每年 1 月底前，向当地直属检验检疫局提交上一年度免验产品情况报告，其内容包括上年度出口及产品质量安全管理情况等。

（九）申请企业及免验企业违反本管理规定，有弄虚作假、隐瞒欺骗行为的，按照有关法律法规的规定予以处罚。

（十）检验检疫工作人员在考核、审查、批准或者日常监管工作过程中违反本管理规定，滥用职权、玩忽职守、徇私舞弊的，根据情节轻重，按照有关法律法规的规定予以处理。

# 大宗农产品进口报告和信息发布管理办法（试行）

中华人民共和国商务部令

2008 年第 10 号

《大宗农产品进口报告和信息发布管理办法（试行）》已经 2008 年 2 月 27 日商务部第 73 次部务会审议通过，现予公布，自 2008 年 8 月 1 日起施行。

商务部部长

二〇〇八年六月二十四日

**第一条** 为了维护对外贸易秩序，保护经营者的合法权益，提供大宗农产品进口信息服务，根据《中华人民共和国对外贸易法》(以下简称《外贸法》)、《中华人民共和国货物进出口管理条例》(以下简称《货物进出口条例》)及其他有关法律法规，制定本办法。

**第二条** 本办法所称大宗农产品系指生产量、消费量、贸易量、运输量等较大的关系国计民生的农产品。

**第三条** 商务部会同有关部门制定、调整《实行进口报告管理的大宗农产品目录》(以下简称《目录》)。

**第四条** 商务部委托有关组织（以下简称受委托组织）负责大宗农产品进口报告信息的收集、整理、汇总、分析和核对等日常工作。

**第五条** 进口《目录》项下大宗农产品的对外贸易经营者（以下简称对外贸易经营者)，应向受委托组织办理本企业基本情况备案。

备案内容包括：对外贸易经营者名称、企业海关代码、对外贸易经营者备案登记表复印件、工商营业执照复印件、法定代表人和统计负责人姓名与签字等。

**第六条** 对外贸易经营者应填报《大宗农产品进口报告统计报表》，报告事项主要包括：对外贸易经营者、联系人、联系方式、商品名称、商品编码、贸易方式、贸易国（地区)、原产地国（地区)、合同号、合同数量、合同船期、装运港、预计抵港时间、实际船期、装船数量、进口报关口岸、进口数量和实际抵港日期等。

对外贸易经营者应通过相应电子报告系统向受委托组织进行报告。如无法通过电子方式报告，可下载报表传真报告。

**第七条** 对外贸易经营者应在下述情况发生后三个工作日内履行进口报告义务：

1、签订进口合同；

2、货物在装运港出运；

3、货物抵达目的港；

4、报告事项发生变更。

**第八条** 对外贸易经营者应严格遵守规定，及时、准确报告有关进口信息，并对报告内容的真实性负责，不得虚报、瞒报、伪造、篡改、迟报和拒报。

**第九条** 受委托组织应向商务部报告大宗农产品进口的信息情况，并提出建议。

**第十条** 商务部定期在商务部政府网站“大宗农产品进口信息发布专栏”对外发布《目录》项下大宗农产品进口信息。

发布内容为：预计进口数量、预计货物到港时间、实际装船时间、实际装船数量、装运港、原产地国（地区）、主要口岸进口情况等。

**第十一条** 受委托组织根据海关、质检相关数据核对大宗农产品对外贸易经营者报告情况，向商务部报告结果。

**第十二条** 对外贸易经营者违反本规定，虚报、瞒报、伪造、篡改、迟报和拒报大宗农产品有关进口信息的，商务部应向国家统计局通报。

统计部门依法对违法对外贸易经营者处以行政处罚后，商务部可以禁止违法对外贸易经营者自行政处罚决定生效之日起一年以上三年以下的期限内从事有关的对外贸易经营活动。

**第十三条** 对外贸易经营者违反本规定的，商务部按照《对外贸易经营者违法违规行为公告办法》的规定发布公告，并通知海关、税务、质检、外汇、工商等部门以及地方商务主管部门、行业中介组织、银行等单位。

**第十四条** 任何单位和个人可向商务部举报对外贸易经营者虚假报告进口信息的行为。

**第十五条** 商务部及受委托组织有关人员应当为履行进口信息报告义务的对外贸易经营者保守商业秘密，不得向任何企业、机构和个人透露对外贸易经营者报告的信息。违反上述规定的，依照《外贸法》第六十五条及《货物进出口条例》第七十条进行处罚。

**第十六条** 本办法适用于《目录》项下以各种贸易方式进行的大宗农产品进口交易，包括由境外进入保税仓库、保税区、保税港区和出口加工区等。

**第十七条** 《目录》、受委托组织名称以及大宗农产品进口信息发布周期由商务部以公告形式发布。

**第十八条** 本办法由商务部负责解释。

**第十九条** 本办法自2008年8月1日起实施。

## 质检总局关于进一步规范和促进出口食品农产品企业内外销“同线同标同质”的公告

国家质量监督检验检疫总局公告

2017年第15号

为落实国家供给侧结构性改革，提高供给质量和效率，推进实施质量强国战略，促进消费品标准和质量提升，促进国内相关产业的转型升级，帮促出口企业统筹国内国外两个市场，促进境外消费回流，满足消费者个性化、多样化的消费需求，质检总局、国家认监委结合工作职责，联合有关部门，启动出口食品生产企业内外销“同线同标同质”（以下简称“三同”）工程，取得阶段性成果，为进一步规范和促进“三同”工作，现就有关事项公告如下：

一、“三同”食品农产品企业应满足条件

“同线同标同质”是指出口企业的内外销产品在同一生产线、按相同的标准生产，从而达到相同的质量水平。

"同线"是指出口和内销食品农产品在同一生产链条，就是相同的种养殖基地和生产加工线生产；"同标"是指出口企业的质量安全管理体系和生产加工过程达到出口和发达进口国（地区）技术法规和标准要求，产品标准（包括终产品和原辅料）达到发达进口国（地区）标准，如我国产品标准的具体指标更高更严，按我国标准执行，即产品标准遵循"就高不就低"的原则。

出口食品农产品生产企业符合以下三个条件，可证明符合"三同"的要求：一是具有出口食品企业备案（或出口种养殖基地/果园的备案/注册）资格，且有实际的出口业绩；二是企业自我声明按"三同"生产；三是出口食品生产企业获得危害分析与关键控制点（HACCP）认证，出口农产品种养殖基地/果园获得良好农业规范（GAP）认证，认证要求涵盖企业目标市场的技术法规和标准以及企业自我声明的要求。

二、出口食品农产品企业内外销"三同"信息公共服务平台

为帮助符合"三同"条件的食品、农产品生产企业对接国内市场，在市场供给端和需求端建立和传递信任，提高公共服务供给水平，同时不增加企业负担，国家认监委组织建设了"出口食品企业内外销'三同'信息公共服务平台（网址：http：//txtbtz.cnca.cn，以下简称"信息服务平台"），向社会发布和公示"三同"企业和产品信息，以便"三同"信息自动校验和消费者查询。

登陆信息服务平台的食品农产品生产加工企业应于本公告发布之日起一年内，按照 HACCP、GAP 认证有关要求，在"三同"产品上加贴 HACCP、GAP 认证标识。

三、出口食品农产品企业内外销"三同"商务服务平台

欢迎商超、电商和其他线上线下相结合的综合性服务平台等，成为出口食品企业内外销"三同"商务平台（以下简称"交易服务平台"），为信息服务平台上线"三同"企业提供产品销售、品牌打造、渠道拓展、宣传推介、信用金融和消费者教育等服务。鼓励交易服务平台按照"政府指导，市场化运作"的原则为"三同"企业提供相

关服务。鼓励交易服务平台积极与所在辖区检验检疫机构联系，接受检验检疫机构的指导，主动向政府监管部门反馈相关“三同”企业和产品的质量安全信息。鼓励交易服务平台通过“认证认可云桥”连接信息服务平台，实现“三同”数据自动校验，并向社会公示其服务内容、宣传标识使用等情况，接受社会监督。除正常的商业合作外，交易服务平台不得以“三同”工作的名义增加“三同”企业的负担。

四、“三同”宣传标识及使用

随着出口食品企业内外销“三同”工作的深入推进，社会各方认同度大幅提升。交易服务平台、“三同”企业、检验检疫机构、地方政府相关部门等普遍反映需要统一的“三同”宣传标识，用于“三同”工作和市场的宣传推广。经征求各方意见，发布“三同”宣传标识如下：（http：//www. aqsiq. gov. cn/xxgk_ 13386/jlgg_ 12538/zjgg/2017/201702/t20170227_ 483295. htm）

“三同”宣传标识设计图案包含徽章、叶片、两仪、微笑曲线、HACCP 和 GAP 词组等元素：1. 宣传标识的整体造型类似一枚徽章，寓意“三同”是企业的一个重要身份证明；2. 两种颜色的叶片环绕组成一个两仪图案，寓意“三同”企业和平台稳健发展、生生不息，叶片的橙色象征富足丰收，绿色象征健康安全；3. 微笑曲线的色彩为橙绿两种颜色的渐变，两种颜色分别代表出口与内销，寓意出口与内销产品生产线、标准和质量的相同；4. HACCP 和 GAP 词组直观体现两种认证制度是推进实施“三同”的重要支撑。

该标识所有权、使用权、解释权归国家认监委，是政府部门推进“三同”工作、“三同”企业和交易服务平台进行市场宣传推广的公益性标识，任何相关方不得以批准使用该标识等方式盈利。相关政府部门和机构、交易服务平台和“三同”企业可免费使用该标识进行“三同”宣传，禁止将标识用于产品及其包装、标签中，使用方承担虚假宣传等不当使用的责任。

五、“三同”企业和产品的准确识别

消费者及相关方如希望准确了解相关企业和产品是否符合“三同”条件，可通过产品包装上出口企业备案编号、企业自我声明、HACCP 认证标志、GAP 认证标志等进行确认，或登陆国家认监委信息服务平台查询核实。

特此公告。

国家质检总局

2017 年 2 月 22 日

# 附 录

## 蔬菜流通追溯体系基本要求

### （试行）

商务部关于印发《肉类流通追溯体系基本要求》、
《蔬菜流通追溯体系基本要求》等技术规范的通知

各省、自治区、直辖市、计划单列市及新疆生产建设兵团商务主管部门：

为贯彻落实《商务部关于印发〈全国肉类蔬菜流通追溯体系建设规范（试行）〉的通知》（商秩发〔2010〕457号），进一步规范地方肉类蔬菜流通追溯体系建设，实现不同城市互联互通，确保全国肉类蔬菜流通追溯体系的整体性，商务部制定了《肉类流通追溯体系基本要求》、《蔬菜流通追溯体系基本要求》、《肉类蔬菜流通追溯体系编码规则》、《肉类蔬菜流通追溯体系管理平台技术要求》、《肉类蔬菜流通追溯体系感知技术要求》、《肉类蔬菜流通追溯体系传输技术要求》、《肉类蔬菜流通追溯体系信息处理要求》、《肉类蔬菜流通追溯体系专用术语》等8个技术规范。现印发给你们，请结合实际认真贯彻执行。试行中的问题，请及时报商务部。

中华人民共和国商务部

二〇一一年三月九日

本规范规定了蔬菜流通追溯体系中，各个流通环节的总体要求，以及在基础管理、追溯管理、流程管理、数据采集等方面的基本要求，适用于批发市场、零售市场、超市、团体消费单位等企业。

一、术语和定义

下列术语和定义适用于本规范。

（一）卡单同行。卡单同行是指肉类蔬菜流通服务卡与蔬菜交易凭证共同跟随蔬菜买主。

（二）蔬菜检测。蔬菜检测是指蔬菜农药残留检测。

二、批发市场（配送中心）基本要求

（一）总体要求

通过建立覆盖蔬菜进场登记、农残检测及交易等关键环节的全程信息管理，达到对蔬菜批发（配送）的信息追溯要求。以蔬菜产地证明或检测合格证明为蔬菜来源依据，以蔬菜交易凭证、肉类蔬菜流通服务卡为蔬菜流向依据（卡单同行），确保来源信息与流向信息相关联。在批发市场内设置场内零售交易摊位的，必须与批发交易信息相对接，采用标签电子秤打印零售凭证。

（二）基础管理

建立企业内部网络，配置与本批发市场相适应的硬件设备，安装批发环节追溯子系统，通过互联网或电信网与城市追溯管理平台连接。配置合适的交易终端（自助式交易终端、手持式交易终端等）、标签电子秤等设备。落实专职管理人员，负责对追溯子系统进行日常管理。管理人员必须具备计算机基本常识，熟悉业务流程，能熟练应用追溯子系统，确保长效运行。

（三）追溯管理

凭产地证明或检测合格证明准入，凭交易凭证、肉类蔬菜流通服务卡准出。确保蔬菜来源信息对接蔬菜流向信息，一级批发信息对接二级批发信息，批发信息对接场内零售信息，批发信息对接零售终端信息，实现信息环环相扣的追溯要求。

（四）业务流程管理

1. 进场经营者（批发商、零售商）备案

进场经营者凭有效身份证件、营业执照及对应复印件，到批发市场进行备案。由批发市场登记经营者基本信息，并写入肉类蔬菜流通服务卡，发放给经营者。实行持卡交易，无卡者不得参与交易。

2. 蔬菜进场管理

在蔬菜进场处设置登记窗口，由批发市场管理员验证（产地证明或检测合格证明）收货，货证相符后按要求划分批次，并将信息输入追溯子系统，生成电子台账，保存原始单证 2 年以上。如无产地证明或检测合格证明，货主（批发商）应自行填写蔬菜来源地、品种、数量等信息，并签字确认，由批发市场管理员录入相关信息。

对于已建立电子台账的，批发市场管理人员验证（交易凭证）收货，读取肉类蔬菜流通服务卡，将信息自动导入追溯子系统，完成与系统中该批次蔬菜信息的匹配验证。

3. 蔬菜批次管理

以产地证明或检测合格证明为批次管理依据，同一张产地证明或检测合格证明的蔬菜为同一批次。不同批次的蔬菜应分开保管，分清每一批次。

4. 检测信息登记

蔬菜进场登记后，批发市场按批次、品种进行农药残留检测，将检测结果（合格或不合格）录入追溯子系统。

5. 蔬菜交易管理

批发市场应建设电子化结算系统，支持多种支付方式，同时承担资金结算与追溯管理等功能。设置蔬菜交易专用登记窗口，或者采用流动式登记终端、自助式交易终端或手持式交易终端等方式进行交易信息录入，将蔬菜来源信息与流向信息相关联，实时传送结算系统，实现资金流与信息流相对接，并将有关信息写入买方肉类蔬菜流通服务卡，打印交易凭证。

6. 数据上报管理

由批发市场负责，将（五）所规定的数据采集内容中列明的经营主体基本信息、蔬菜进场信息、蔬菜检测信息、蔬菜交易信息及时（信息录入后1小时内）上传至城市追溯管理平台，并在追溯子系统中至少保留2年以上。

（五）数据采集内容

1. 批发市场（配送中心）基本信息

企业编码、企业名称、工商注册登记证号、隶属行政区划及代码（到区县级）、备案日期、法人代表、经营地址、联系电话、传真。

2. 进场经营者（批发商、零售商）基本信息

备案批发市场编码、备案批发市场名称、经营者编码、经营者名称、工商注册登记证号或身份证号、经营者性质、经营类型、备案日期、法人代表（指企业）、手机号码、信息更新日期。

3. 蔬菜进场信息

批发市场编码、批发市场名称、进场日期、批发商编码、批发商名称、产地证明或检测合格证号或交易凭证号、进货批次号、商品编码、商品名称、重量、单价、产地编码、产地名称、生产基地（种植户）、运输车牌号、供货批发市场编码、供货批发市场名称。

4. 蔬菜检测信息

批发市场编码、批发市场名称、批发商编码、批发商名称、进货批次号或交易凭证号、商品编码、商品名称、样品编号、检测员、检测日期、检测结果、检测结果说明。

5. 蔬菜交易信息

批发市场编码、批发市场名称、交易日期、批发商编码、批发商名称、零售商编码、零售商名称、进货批次号或交易凭证号、商品编码、商品名称、重量、单价、到达地、交易凭证号。

三、零售市场基本要求

（一）总体要求

通过在零售市场对蔬菜进货验收，与批发环节肉类蔬菜流通服

务卡对接后，在零售市场自动生成进货信息，并与标签电子秤实现信息对接，最终通过蔬菜零售凭证输出。以交易凭证（批发市场开具）、肉类蔬菜流通服务卡为蔬菜进货依据，确保零售凭证具有可追溯性。生产基地直供的蔬菜，凭产地证明或检测合格证明进行人工登记。

（二）基础管理

建立企业内部网络，配置电脑、读写卡器，与肉类追溯系统共用硬件设备。蔬菜摊位配置适合蔬菜追溯、具备打印追溯码功能的专用电子秤。安装零售市场追溯子系统，通过互联网或电信网与城市追溯管理平台连接。落实专职管理人员，负责对追溯系统进行日常管理。管理人员必须具备计算机基本常识，能熟练应用追溯系统，确保长效运行。

（三）追溯管理

凭批发市场交易凭证或产地证明、肉类蔬菜流通服务卡准入。确保蔬菜进货信息对接蔬菜零售凭证信息。

（四）业务流程管理

1. 持卡管理

零售商在本市任意一个批发市场或零售市场进行备案，建立零售商信息档案，办理肉类蔬菜流通服务卡。实行持卡经营，无卡者不得经营。

2. 蔬菜进场管理

在蔬菜进场处设置登记窗口，由管理人员进行索证（交易凭证）验货，读取肉类蔬菜流通服务卡进行登记确认，将信息自动导入追溯子系统，完成与系统中该批次蔬菜信息的匹配验证。

对于尚未建立电子台账的，查验产地证明或检测合格证明，货证相符后将信息输入追溯子系统，生成电子台账，并保存原始单证 2 年以上。如无产地证明或检测合格证明，货主应自行填写蔬菜来源、品种、数量等信息，并签字确认。

3. 数据下传电子秤

完成进场验货登记后，将进场蔬菜品种、进货量、追溯码等信息在销售前下传电子秤。

4. 摊位间调拨管理

如有蔬菜摊位间调拨业务，在完成蔬菜进场登记后，还需将调拨摊位、商品名称、重量做调入或调出录入。

5. 零售管理

蔬菜存放需按进货日期存放。消费者购买蔬菜时，由零售商打印具有追溯码的零售凭证，记载市场名称、摊位号、日期、商品名称、追溯码、价格、数量、金额等内容。

6. 数据上报

由零售市场负责，将（五）所规定数据采集内容中列明的主体基本信息、蔬菜进场信息、调拨信息及销售信息及时（信息录入后 1 小时内，销售信息可在当天营业结束后 1 小时内）上传城市追溯管理平台。相关信息在追溯子系统中至少保留 2 年以上。

（五）数据采集内容

1. 零售市场基本信息

企业编码、企业名称、工商注册登记证号、隶属行政区划及代码（到区县级）、备案日期、法人代表、经营地址、联系电话、传真。

2. 进场经营者（零售商）基本信息

备案零售市场编码、备案零售市场名称、经营者编码、经营者名称、工商注册登记证号或身份证号、经营者性质、经营类型、备案日期、法人代表（指企业）、手机号码、信息更新日期。

3. 蔬菜进场信息

零售市场编码、零售市场名称、进场日期、零售商编码、零售商名称、交易凭证号或产地证明号或检测合格证明号、进货批次号、商品编码、商品名称、产地编码、产地名称、重量、单价、供货批发市场编码、供货批发市场名称。

4. 蔬菜调拨信息

零售市场编码、零售市场名称、调拨日期、零售商编码（调出）、零售商名称（调出）、零售商编码（调入）、零售商名称（调入）、零售摊位号（调入）、交易凭证号或进货批次号、商品编码、商品名称、调拨重量。

5. 蔬菜销售汇总信息

零售市场编码、零售市场名称、进货日期、销售日期、零售商编码、零售商名称、零售摊位号、交易凭证号或进货批次号、商品编码、商品名称、重量、单价、零售凭证号。

四、超市基本要求

（一）总体要求

通过完善超市内部业务流程，制定个性化解决方案，以进场确认和交易打单管理为核心，以智能溯源秤或标签电子秤为信息对称控制手段，在蔬菜包装标签上叠加追溯码，实现蔬菜销售可追溯。

（二）基础管理

配置与本超市相适应的硬件设备，安装超市追溯子系统，通过互联网或电信网与城市追溯管理平台连接。配备具有打印追溯码功能电子秤或改造电子秤软件。落实专职管理人员，负责对追溯子系统进行日常管理。管理人员必须具备计算机基本常识，熟悉业务流程，能熟练应用追溯子系统，确保长效运行。

（三）追溯管理

凭批发市场交易凭证或产地证明、肉类蔬菜流通服务卡准入，凭具有追溯信息的蔬菜包装标签准出。确保蔬菜进货信息对接蔬菜包装标签信息。

（四）业务流程管理

1. 供应商备案

对蔬菜供应商进行备案，建立基本信息档案，发放肉类蔬菜流通服务卡。供应商已在其他流通节点备案的，不需要重新发卡。

2. 索证验货

由超市管理员对进场蔬菜进行索证（交易凭证）验货，货证相符后读取肉类蔬菜流通服务卡，将信息导入追溯子系统，完成与系统中该批次蔬菜信息的匹配验证。

对于尚未建立电子台账的，查验产地证明或检测合格证明，货证相符后将信息输入追溯子系统，生成电子台账，并保存原始单证 2 年以上。如无产地证明或检测合格证明，供应商应自行填写蔬菜来源、品种、数量等信息，并签字确认。

3. 数据下传电子秤

完成索证验货后，通过网络或读取肉类蔬菜流通服务卡，将蔬菜品种、重量、交易凭证号等信息在包装、销售前下传电子秤或称重包装设备。

4. 存储管理

应按蔬菜供应商、日期、批次分别存储，不得混批存储。

5. 蔬菜包装管理

按同一供应商同一批次包装，称重包装设备应支持追溯码打印，在原有的蔬菜包装标签上叠加追溯码。

6. 蔬菜现卖管理

现卖蔬菜应按同一供应商同一日期同一批次放入同一周转箱内，每个周转箱上有明显的标号，一个标号对应一个追溯码。

7. 蔬菜包装标签打印

电子秤支持追溯码打印功能，通过电子秤快捷键或代码输入方式，可选择销售品种，设定销售价格和追溯码。

8. 数据上报

由超市负责，将（五）所规定的数据采集内容中列明的经营主体基本信息、蔬菜进场信息等及时（信息录入后 1 小时内）上传城市追溯管理平台。相关信息在追溯子系统中至少保留 2 年以上。

（五）数据采集内容

1. 超市基本信息

企业编码、企业名称、工商注册登记证号、隶属行政区划及代码（到区县级）、备案日期、法人代表、经营地址、联系电话、传真。

2. 供应商基本信息

备案超市编码、备案超市名称、供应商编码、供应商名称、工商注册登记证号或身份证号、经营类型、备案日期、法人代表（指企业）、手机号码、信息更新日期。

3. 蔬菜进场信息

超市编码、超市名称、进场日期、供应商编码、供应商名称、交易凭证号或产地证明号或检测合格证明号、进货批次号、商品编码、商品名称、重量、单价、产地编码、产地名称、零售凭证号。

五、团体消费单位基本要求

（一）总体要求

通过在团体消费单位（大中型企业、学校、酒店、蔬菜加工厂等）对蔬菜进行索证验货，与肉类蔬菜流通服务卡对接后，在团体消费追溯子系统自动生成进货备案信息。

（二）基础管理

配置电脑、读写卡器等设备，安装团体消费环节追溯子系统，通过互联网或电信网与城市追溯管理平台连接。落实专职管理人员，负责对追溯子系统进行日常管理。管理人员必须具备计算机基本常识，能熟练应用追溯子系统，确保长效运行。

（三）追溯管理

凭交易凭证或零售凭证、肉类蔬菜流通服务卡准入。

（四）业务流程管理

1. 持卡采购

团体消费单位应到上游采购企业（批发市场或零售市场）备案登记，并办理肉类蔬菜流通服务卡，持卡采购。

2. 索证验货

由企业管理员对进场蔬菜进行索证（交易凭证或零售凭证）验货，货证相符后读取肉类蔬菜流通服务卡进行登记，信息自动导入追溯子系统，完成与系统中所属批次蔬菜信息的匹配验证。

3. 数据上传

每完成一批蔬菜进货数据录入后，在1小时内将（五）所规定数据采集内容中列明的数据上传至城市追溯管理平台。相关信息在追溯子系统中保留2年以上。

（五）数据采集内容

1. 团体消费单位基本信息

备案节点企业编码、备案节点企业名称、企业编码、企业名称、工商注册登记证号、隶属行政区划及代码（到区县级）、备案日期、法人代表、经营地址、联系电话、传真。

2. 蔬菜进场信息

团体消费单位编码、团体消费单位名称、进货日期、供应商编码、供应商名称、交易凭证号或零售凭证号、商品编码、商品名称、重量、单价、供货市场编码、供货市场名称。

**附：**

## 各流通节点数据采集具体内容及详细说明

一、批发市场数据采集内容

### 批发市场（配送）基本信息

| 具体指标 | 指标说明 |
|---|---|
| 企业编码 | 指按《肉菜流通追溯体系编码规则》生成的批发市场主体码 |
| 企业名称 | 指批发市场在工商行政管理部门注册登记的具体名称 |
| 工商注册登记证号 | 指批发市场在工商行政管理部门注册登记时的编号 |

续表

| 具体指标 | 指标说明 |
| --- | --- |
| 隶属行政区划及代码（到区县级） | 指批发市场经营场所所在地的具体名称（到区县级）及根据《GB/T 2260 中华人民共和国行政区划代码》确定的行政区划代码 |
| 备案日期 | 指批发市场在城市追溯管理平台备案的日期，格式为 yy-mm-dd |
| 法人代表 | |
| 经营地址 | 指批发市场从事经营活动所在地的通讯地址，具体到门牌号 |
| 联系电话 | 指批发市场主要负责人的固定电话、手机等主要联络方式 |
| 传真 | 指批发市场主要负责人日常接收传真的电话 |

## 批发市场进场经营者（批发商、零售商）基本信息

| 具体指标 | 指标说明 |
| --- | --- |
| 备案批发市场编码 | 指给进场经营者备案发卡的批发市场编码，按《肉菜流通追溯体系编码规则》执行 |
| 备案批发市场名称 | 指给进场经营者备案发卡的批发市场名称 |
| 经营者编码 | 指在批发市场从事交易活动的批发商、零售商的主体码，按《肉菜流通追溯体系编码规则》执行 |
| 经营者名称 | 企业法人是指在工商行政管理部门注册登记的名称；个体户指居民身份证上的姓名 |
| 工商注册登记证号或身份证号 | 企业法人指在工商行政管理部门注册登记的编号；个体户指居民身份证号码 |
| 经营者性质 | 指注明经营者是企业法人或个体户 |

续表

| 具体指标 | 指标说明 |
| --- | --- |
| 经营类型 | 主要分蔬菜批发商、蔬菜零售商、配送企业、其他等类型 |
| 备案日期 | 指经营者在流通节点备案的日期，格式为 yy-mm-dd |
| 法人代表（指企业） | |
| 手机号码 | 指经营者经常使用，并能随时联络的手机号码 |
| 信息更新日期 | 指经营者在流通节点最后一次更新备案资料的日期，格式为 yy-mm-dd |

## 批发市场蔬菜进场信息

| 具体指标 | 指标说明 |
| --- | --- |
| 批发市场编码 | 指蔬菜进入的批发市场的编码，按《肉菜流通追溯体系编码规则》执行 |
| 批发市场名称 | 指蔬菜进入的批发市场的名称 |
| 进场日期 | 指蔬菜进入批发市场的具体日期，格式为 yy-mm-dd |
| 批发商编码 | 指购进蔬菜在批发市场销售的批发商的主体码，按《肉菜流通追溯体系编码规则》执行 |
| 批发商名称 | 企业法人指在工商行政管理部门注册登记的名称；个体户指身份证姓名 |
| 产地证明或检测合格证号或交易凭证号 | 产地证明指蔬菜产地县级农业行政主管部门或乡（镇）政府、村委会、农民专业合作组织给进场蔬菜出具的证明蔬菜产地的证件编码；检测合格证号指有关法定检测部门出具的证明蔬菜经检测合格的证明文件编码；交易凭证号指进场蔬菜从上一环节批发市场带来的交易凭证上的追溯码。上游已经建立电子台账的蔬菜，只采集交易凭证号信息；未建立电子台账的，采集产地证明号或者检测合格证号 |

续表

| 具体指标 | 指标说明 |
| --- | --- |
| 进货批次号 | 指批发市场对进场蔬菜按批次登记时分配的批次号码。已有交易凭证号的不需确定批次号 |
| 商品编码 | 指批发商购进蔬菜品种的编码，参照《GB/T 7635.1-2002 全国主要产品分类与代码第 1 部分：可运输产品》执行 |
| 商品名称 | 指批发商购进蔬菜的具体名称，参照《GB/T 7635.1-2002 全国主要产品分类与代码第 1 部分：可运输产品》执行 |
| 重量 | 指批发商购进蔬菜的重量（单位：公斤） |
| 单价 | 指批发商购进蔬菜的价格（单位：元/公斤） |
| 产地编码 | 指蔬菜产地（到区县级）的行政区划代码，按《GB/T 2260 中华人民共和国行政区划代码》执行 |
| 产地名称 | 指蔬菜产地（到区县级）的具体名称，按《GB/T 2260 中华人民共和国行政区划代码》执行 |
| 生产基地（种植户） | 指生产进场蔬菜的基地或种植户名称。基地指在工商行政管理部门注册登记的企业名称，种植户指身份证姓名 |
| 运输车牌号 | 指运输蔬菜进场的车辆的车牌号码 |
| 供货批发市场编码 | 指批发商采购蔬菜的上一环节批发市场的主体码，按《肉菜流通追溯体系编码规则》执行 |
| 供货批发市场名称 | 指批发商采购蔬菜的上一环节批发市场的具体名称 |

## 批发市场蔬菜检测信息

| 具体指标 | 指标说明 |
| --- | --- |
| 批发市场编码 | 指对进场蔬菜进行检测的批发市场的编码，按《肉菜流通追溯体系编码规则》执行 |

续表

| 具体指标 | 指标说明 |
|---|---|
| 批发市场名称 | 指对进场蔬菜进行检测的批发市场的名称 |
| 批发商编码 | 指其蔬菜被抽检的批发商的主体码，按《肉菜流通追溯体系编码规则》执行 |
| 批发商名称 | 企业法人指在工商行政管理部门注册登记的名称，个体户指身份证上的姓名 |
| 进货批次号或交易凭证号 | 进货批次号是批发市场进场按批次登记时为被抽检蔬菜分配的批次号码；交易凭证号是指被抽检蔬菜从上一环节批发市场带来的交易凭证上的追溯码 |
| 商品编码 | 指被抽检蔬菜品种的编码，参照《GB/T 7635.1-2002 全国主要产品分类与代码第 1 部分：可运输产品》执行 |
| 商品名称 | 指被抽检蔬菜品种的具体名称，参照《GB/T 7635.1-2002 全国主要产品分类与代码第 1 部分：可运输产品》执行 |
| 样品编号 | 指检测人员抽取检测蔬菜样本时的编码，由批发市场自行编制 |
| 检测员 | 指批发市场对进场蔬菜进行检测的工作人员 |
| 检测日期 | 指批发市场对进场蔬菜进行抽检的具体日期，格式为 yy-mm-dd |
| 检测结果 | 指批发市场检测员对抽样蔬菜检测结果，一般为合格或不合格 |
| 检测结果说明 | 指批发市场检测员对检测蔬菜结果的具体解释 |

## 批发市场蔬菜交易信息

| 具体指标 | 指标说明 |
|---|---|
| 批发市场编码 | 指发生蔬菜交易的批发市场编码，按《肉菜流通追溯体系编码规则》执行。 |

续表

| 具体指标 | 指标说明 |
|---|---|
| 批发市场名称 | 指发生蔬菜交易的批发市场名称 |
| 交易日期 | 指蔬菜在批发市场摊位售卖给采购方的日期，格式为 yy-mm-dd |
| 批发商编码 | 指销售蔬菜的批发商的主体码，按《肉菜流通追溯体系编码规则》执行 |
| 批发商名称 | 企业法人指在工商行政管理部门注册登记的名称，个体户指身份证上的姓名 |
| 零售商编码 | 指在批发商处采购蔬菜的买主的主体码，按《肉菜流通追溯体系编码规则》执行 |
| 零售商名称 | 企业法人指在工商行政管理部门注册登记的名称，个体户指身份证上的姓名 |
| 进货批次号或交易凭证号 | 进货批次号是指本次交易的蔬菜进场时的批次号；交易凭证号是指本次交易的蔬菜在上一环节批发市场带来的交易凭证上的追溯码 |
| 商品编码 | 指零售商采购的蔬菜品种的编码，参照《GB/T 7635.1-2002 全国主要产品分类与代码第 1 部分：可运输产品》执行 |
| 商品名称 | 指零售商采购的蔬菜品种的具体名称，参照《GB/T 7635.1-2002 全国主要产品分类与代码第 1 部分：可运输产品》执行 |
| 重量 | 指买卖双方成交的蔬菜的重量（单位：公斤） |
| 单价 | 指买卖双方成交的蔬菜的价格（单位：元/公斤） |
| 到达地 | 指零售商采购蔬菜的具体流向地址（包括零售市场名称及具体地点） |
| 交易凭证号 | 指批发商为零售商出具的交易凭证上的追溯码，按《肉菜流通追溯体系编码规则》执行 |

二、零售市场数据采集内容

## 零售市场基本信息

| 具体指标 | 指标说明 |
| --- | --- |
| 企业编码 | 指按《肉菜流通追溯体系编码规则》生成的零售市场主体码 |
| 企业名称 | 指零售市场在工商行政管理部门注册登记的企业具体名称 |
| 工商注册登记证号 | 指零售市场在工商行政管理部门注册登记时产生的编号 |
| 隶属行政区划及代码(到区县级) | 指零售市场经营场所所在地的具体名称（到区县级）及根据《GB/T 2260 中华人民共和国行政区划代码》确定的行政区划代码 |
| 备案日期 | 指零售市场在城市追溯管理平台备案的日期，格式为 yy-mm-dd |
| 法人代表 | |
| 经营地址 | 指企业从事经营活动所在地的通讯地址，具体到门牌号 |
| 联系电话 | 指企业主要负责人的固定电话、手机等主要联络方式 |
| 传真 | 指企业主要负责人日常接收传真的电话 |

## 零售市场进场经营者（零售商）基本信息

| 具体指标 | 指标说明 |
| --- | --- |
| 备案零售市场编码 | 指给进场经营者备案发卡的零售市场编码，按《肉菜流通追溯体系编码规则》执行 |
| 备案零售市场名称 | 指给进场经营者备案发卡的零售市场名称 |

续表

| 具体指标 | 指标说明 |
| --- | --- |
| 经营者编码 | 指在零售市场从事蔬菜销售活动的零售摊贩的主体码 |
| 经营者名称 | 企业法人指在工商行政管理部门注册的名称，个体户指居民身份证上姓名 |
| 工商注册登记证号或身份证号 | 企业指在工商行政管理部门注册登记的编号，个体户指居民身份证号码 |
| 经营者性质 | 指注明经营者是企业法人或个体户 |
| 经营类型 | 主要分蔬菜批发商、蔬菜零售商、配送企业、其他等类型 |
| 备案日期 | 指零售商在流通节点备案的日期，格式为 yy-mm-dd |
| 法人代表（指企业） | |
| 手机号码 | 指商户经常使用的，并能随时联络的通讯手机 |
| 信息更新日期 | 指零售商最后一次更新备案资料的日期，格式为 yy-mm-dd |

## 零售市场蔬菜进场信息

| 具体指标 | 指标说明 |
| --- | --- |
| 零售市场编码 | 指蔬菜进入的零售市场的编码，按《肉菜流通追溯体系编码规则》执行 |
| 零售市场名称 | 指蔬菜进入的零售市场的名称 |
| 进场日期 | 指蔬菜进入零售市场的日期，格式为 yy-mm-dd |
| 零售商编码 | 指购进蔬菜的零售商的主体码，按《肉类蔬菜流通追溯体系编码规则》执行 |
| 零售商名称 | 企业法人指在工商行政管理部门注册登记的名称，个体户指身份证姓名 |

续表

| 具体指标 | 指标说明 |
| --- | --- |
| 交易凭证号或产地证明号或检测合格证明号 | 交易凭证号指该批进场蔬菜从上一环节批发市场带来的交易凭证上的追溯码；产地证明指蔬菜产地县级农业行政主管部门或乡（镇）政府、村委会、农民专业合作组织给待交易蔬菜出具的证明蔬菜产地的证件编码；检测合格证号指有关法定检测部门出具的证明蔬菜经检测合格的证明文件编码。上游已经建立电子台账的蔬菜，只采集交易凭证号信息；未建立电子台账的，采集产地证明号或者检测合格证号 |
| 进货批次号 | 指零售市场进场按批次登记时分配的批次号码。已有交易凭证号的不需确定批次号 |
| 商品编码 | 指零售商所购进的蔬菜品种的编码，参照《GB/T 7635.1-2002 全国主要产品分类与代码第 1 部分：可运输产品》执行 |
| 商品名称 | 指零售商所购进的蔬菜的具体名称，参照《GB/T 7635.1-2002 全国主要产品分类与代码第 1 部分：可运输产品》执行 |
| 产地编码 | 指蔬菜产地（到区县级）的行政区划代码，按《GB/T 2260 中华人民共和国行政区划代码》执行，在上游已建立电子台账的不报此信息 |
| 产地名称 | 指蔬菜产地（到区县级）的具体名称，按《GB/T 2260 中华人民共和国行政区划代码》执行，在上游已建立电子台账的不报此信息 |
| 重量 | 指零售商购进蔬菜的重量（单位：公斤） |
| 单价 | 指零售商购进蔬菜的价格（单位：元/公斤） |
| 供货批发市场编码 | 指零售商采购蔬菜的上一环节批发市场的主体码，按《肉菜流通追溯体系编码规则》执行 |
| 供货批发市场名称 | 指批发商采购蔬菜的上一环节批发市场的具体名称，按《肉菜流通追溯体系编码规则》执行 |

## 零售市场蔬菜调拨信息

| 具体指标 | 指标说明 |
|---|---|
| 零售市场编码 | 指发生调拨的零售市场编码，按《肉菜流通追溯体系编码规则》执行 |
| 零售市场名称 | 指发生调拨的零售市场名称 |
| 调拨日期 | 指为满足售卖需求零售商间对蔬菜作出调剂售卖行为的具体日期，格式为 yy-mm-dd |
| 零售商编码（调出） | 指调出蔬菜的零售商的主体码，按《肉类蔬菜流通追溯体系编码规则》执行 |
| 零售商名称（调出） | 企业法人指在工商行政管理部门注册登记的名称，个体户指身份证姓名 |
| 零售商编码（调入） | 指调入蔬菜的零售商的主体码，按《肉类蔬菜流通追溯体系编码规则》执行 |
| 零售商名称（调入） | 企业法人指在工商行政管理部门注册登记的名称，个体户指身份证姓名 |
| 零售摊位号（调入） | 指调入蔬菜的零售商销售蔬菜摊位的号码 |
| 交易凭证号或进货批次号 | 交易凭证号指该批进场蔬菜从上一环节批发市场带来的交易凭证上的追溯码；进货批次号指零售市场进场按批次登记时分配的批次号码 |
| 商品编码 | 指调拨蔬菜品种的编码，参照《GB/T 7635.1-2002 全国主要产品分类与代码第 1 部分：可运输产品》执行 |
| 商品名称 | 指调拨蔬菜的具体名称，参照《GB/T 7635.1-2002 全国主要产品分类与代码第 1 部分：可运输产品》执行 |
| 调拨重量 | 指调拨双方进行蔬菜调剂的具体重量（单位：公斤） |

## 零售市场蔬菜销售汇总信息

| 具体指标 | 指标说明 |
|---|---|
| 零售市场编码 | 指零售商从事零售交易所在的零售市场的编码，按《肉菜流通追溯体系编码规则》执行 |
| 零售市场名称 | 指零售商从事零售交易所在的零售市场的名称 |
| 进货日期 | 指蔬菜进入零售市场的日期，格式为 yy-mm-dd |
| 销售日期 | 指蔬菜在零售市场售卖给消费者的具体日期，格式为 yy-mm-dd |
| 零售商编码 | 指具体销售蔬菜的零售商的主体码，按《肉类蔬菜流通追溯体系编码规则》执行 |
| 零售商名称 | 企业法人指在工商行政管理部门注册登记的名称，个体户指身份证姓名 |
| 零售摊位号 | 指零售商销售蔬菜的摊位的号码 |
| 交易凭证号或进货批次号 | 交易凭证号指该批进场蔬菜从上一环节批发市场带来的交易凭证上的追溯码；进货批次号指零售市场进场按批次登记时分配的批次号码 |
| 商品编码 | 指零售商销售蔬菜品种的编码，参照《GB/T 7635.1-2002 全国主要产品分类与代码第 1 部分：可运输产品》执行 |
| 商品名称 | 指零售商销售蔬菜的具体名称，参照《GB/T 7635.1-2002 全国主要产品分类与代码第 1 部分：可运输产品》执行 |
| 重量 | 指零售商销售蔬菜的重量（单位：公斤） |
| 单价 | 指零售商销售蔬菜的价格（单位：元/公斤） |
| 零售凭证号 | 零售商为消费者出具的零售凭证上的追溯码，一般沿用交易凭证号，在本零售市场才建立电子台账的蔬菜，参照《肉菜流通追溯体系编码规则》有关规则生成追溯码 |

三、超市数据采集内容

## 超市基本信息

| 具体指标 | 指标说明 |
|---|---|
| 企业编码 | 指按《肉菜流通追溯体系编码规则》生成的超市主体码 |
| 企业名称 | 指超市在工商行政管理部门注册登记的企业具体名称 |
| 工商注册登记证号 | 指超市在工商行政管理部门注册登记时产生的编号 |
| 隶属行政区划及代码(到区县级) | 指超市经营场所所在地的具体名称（到区县级）及根据《GB/T 2260 中华人民共和国行政区划代码》确定的行政区划代码 |
| 备案日期 | 指超市在城市追溯管理平台备案的日期，格式为yy-mm-dd |
| 法人代表 | |
| 经营地址 | 指企业从事经营活动所在地的通讯地址，具体到门牌号 |
| 联系电话 | 指企业主要负责人的固定电话、手机等主要联络方式 |
| 传真 | 指企业主要负责人日常接收传真的电话 |

## 超市蔬菜供应商基本信息

| 具体指标 | 指标说明 |
|---|---|
| 备案超市编码 | 指给进入超市从事销售的蔬菜供应商备案发卡的超市编码，按《肉菜流通追溯体系编码规则》执行 |
| 备案超市名称 | 指给进入超市从事销售的蔬菜供应商备案发卡的超市名称 |

续表

| 具体指标 | 指标说明 |
| --- | --- |
| 供应商编码 | 指向超市供应蔬菜的经营者的主体码，按《肉类蔬菜流通追溯体系编码规则》执行 |
| 供应商名称 | 企业法人指在工商行政管理部门注册登记的名称，个体户指身份证姓名 |
| 工商注册登记证号或身份证号 | 企业法人指在工商行政管理部门注册登记的编号，个体户指身份证号码 |
| 经营类型 | 主要分蔬菜批发商、蔬菜零售商、配送企业、其他等类型 |
| 备案日期 | 指供应商在流通节点备案的日期，格式为 yy-mm-dd |
| 法人代表（指企业） | |
| 手机号码 | 指供应商经常使用的，并能随时联络的通讯手机 |
| 信息更新日期 | 指供应商最后一次更新备案资料的日期 |

## 超市蔬菜进场信息

| 具体指标 | 指标说明 |
| --- | --- |
| 超市编码 | 指蔬菜进入的超市的编码，按《肉菜流通追溯体系编码规则》执行 |
| 超市名称 | 指蔬菜进入的超市的名称 |
| 进场日期 | 指蔬菜进入超市的日期，格式为 yy-mm-dd |
| 供应商编码 | 指向超市供应蔬菜的经营者的主体码，按《肉类蔬菜流通追溯体系编码规则》执行 |
| 供应商名称 | 企业法人指在工商行政管理部门注册登记的名称，个体户指身份证姓名 |

续表

| 具体指标 | 指标说明 |
| --- | --- |
| 交易凭证号或产地证明号或检测合格证明号 | 交易凭证号指该批进场蔬菜从上一环节带来的交易凭证上的追溯码；产地证明指蔬菜产地县级农业行政主管部门或乡（镇）政府、村委会、农民专业合作组织给待交易蔬菜出具的证明蔬菜产地的证件编码；检测合格证号指有关法定检测部门出具的证明蔬菜经检测合格的证明文件编码。上游已经建立电子台账的蔬菜，只采集交易凭证号信息；未建立电子台账的，采集产地证明号或者检测合格证号 |
| 进货批次号 | 指超市对进场蔬菜按批次登记时分配的批次号码，已有交易凭证号的不需确定批次号 |
| 商品编码 | 指供应商向超市供应的蔬菜品种的编码，参照《GB/T 7635.1-2002 全国主要产品分类与代码第 1 部分：可运输产品》执行 |
| 商品名称 | 指供应商向超市供应的蔬菜的具体名称，参照《GB/T 7635.1-2002 全国主要产品分类与代码第 1 部分：可运输产品》执行 |
| 重量 | 指供应商当日供应的蔬菜重量（单位：公斤） |
| 单价 | 指供应商当日供应蔬菜的价格（单位：元/公斤） |
| 产地编码 | 指蔬菜产地（到区县级）的行政区划代码，按《GB/T 2260 中华人民共和国行政区划代码》执行，已有交易凭证号的不报此信息 |
| 产地名称 | 指蔬菜产地（到区县级）的具体名称，按《GB/T 2260 中华人民共和国行政区划代码》执行，已有交易凭证号的不报此信息 |
| 零售凭证号 | 指超市出具的蔬菜零售凭证上的追溯码，一般沿用交易凭证号，在本超市才建立电子台账的蔬菜，参照《肉菜流通追溯体系编码规则》有关规则生成追溯码 |

四、团体消费单位数据采集内容

### 团体消费单位基本信息

| 具体指标 | 指标说明 |
|---|---|
| 备案节点企业编码 | 指给团体消费单位备案发卡的节点企业的编码，按《肉菜流通追溯体系编码规则》执行 |
| 备案节点企业名称 | 指给团体消费单位备案发卡的节点企业的名称 |
| 企业编码 | 指按《肉菜流通追溯体系编码规则》生成的团体消费单位主体码 |
| 企业名称 | 指超市在工商行政管理部门注册登记的企业具体名称 |
| 工商注册登记证号 | 指超市在工商行政管理部门注册登记时产生的编号 |
| 隶属行政区划及代码(到区县级) | 指团体消费单位经营场所所在地的具体名称（到区县级）及根据《GB/T 2260 中华人民共和国行政区划代码》确定的行政区划代码 |
| 备案日期 | 指团体消费单位在城市追溯管理平台备案的日期，格式为 yy-mm-dd |
| 法人代表 | |
| 经营地址 | 指企业从事经营活动所在地的通讯地址，具体到门牌号 |
| 联系电话 | 指企业主要负责人的固定电话、手机等主要联络方式 |
| 传真 | 指企业主要负责人日常接收传真的电话 |

### 团体消费单位蔬菜进场信息

| 具体指标 | 指标说明 |
|---|---|
| 团体消费单位编码 | 指购进蔬菜的团体消费单位的编码，按《肉类蔬菜流通追溯体系编码规则》执行 |

续表

| 具体指标 | 指标说明 |
| --- | --- |
| 团体消费单位名称 | 指购进蔬菜的团体消费单位的名称 |
| 进货日期 | 指团体消费单位在上游企业（批发市场、零售市场等）购买蔬菜的具体日期，格式为 yy-mm-dd |
| 供应商编码 | 指供货给团体消费单位的经营者的主体码，按《肉类蔬菜流通追溯体系编码规则》执行 |
| 供应商名称 | 企业法人指在工商行政管理部门注册登记的名称，个体户指身份证姓名 |
| 交易凭证号或零售凭证号 | 交易凭证号指团体消费单位在批发市场采购蔬菜时获得的交易凭证上的追溯码；零售凭证号指团体消费单位在零售市场采购蔬菜时获得的零售凭证上的追溯码，均按《肉菜流通追溯体系编码规则》执行 |
| 商品编码 | 指团体消费单位采购蔬菜品种的编码，参照《GB/T 7635.1-2002 全国主要产品分类与代码第 1 部分：可运输产品》执行 |
| 商品名称 | 指团体消费单位采购蔬菜的具体名称，参照《GB/T 7635.1-2002 全国主要产品分类与代码第 1 部分：可运输产品》执行 |
| 重量 | 指团体消费单位当日采购的蔬菜重量（单位：公斤） |
| 单价 | 指团体消费单位当日采购蔬菜的价格（单位：元/公斤） |
| 供货市场编码 | 指团体消费单位采购蔬菜的批发市场或零售市场的主体码，按《肉类蔬菜流通追溯体系编码规则》执行 |
| 供货市场名称 | 企业法人指在工商行政管理部门注册登记的名称，个体户指身份证姓名 |

# 肉类流通追溯体系基本要求

## （试行）

商务部关于印发《肉类流通追溯体系基本要求》、《蔬菜流通追溯体系基本要求》等技术规范的通知

各省、自治区、直辖市、计划单列市及新疆生产建设兵团商务主管部门：

为贯彻落实《商务部关于印发〈全国肉类蔬菜流通追溯体系建设规范（试行）〉的通知》（商秩发〔2010〕457号），进一步规范地方肉类蔬菜流通追溯体系建设，实现不同城市互联互通，确保全国肉类蔬菜流通追溯体系的整体性，商务部制定了《肉类流通追溯体系基本要求》、《蔬菜流通追溯体系基本要求》、《肉类蔬菜流通追溯体系编码规则》、《肉类蔬菜流通追溯体系管理平台技术要求》、《肉类蔬菜流通追溯体系感知技术要求》、《肉类蔬菜流通追溯体系传输技术要求》、《肉类蔬菜流通追溯体系信息处理要求》、《肉类蔬菜流通追溯体系专用术语》等8个技术规范。现印发给你们，请结合实际认真贯彻执行。试行中的问题，请及时报商务部。

中华人民共和国商务部

二〇一一年三月九日

本规范规定了肉类流通追溯体系中，各个流通环节的总体要求，以及基础管理、追溯管理、流程管理、数据采集等方面的基本要求，适用于定点屠宰厂、批发市场、配送中心、零售市场、超市、团体消费单位等企业。

一、术语和定义

下列术语和定义适用于本规范。

（一）标签电子秤。标签电子秤是指具有计量、联网、摊位号管理、多批次管理、限量控制、数据上传下发、追溯码打印等功能的设备。

（二）卡单同行。卡单同行是指肉类蔬菜流通服务卡与肉类交易凭证共同跟随肉类买主。

二、屠宰厂基本要求

（一）总体要求

通过建立覆盖生猪进厂、屠宰、检疫、检验及肉品出厂等关键环节的全程信息管理，达到对生猪屠宰环节的信息追溯要求。以生猪产地检疫证明为生猪来源依据，以肉类交易凭证、肉类蔬菜流通服务卡为流向依据（卡单同行），实现来源信息与流向信息的对接。大中型屠宰厂以电子结算为原则，不具备电子结算的根据追溯子系统基本要求实施。

（二）基础管理

建立企业内部网络，配置与本企业相适应的硬件设备，安装生猪屠宰环节追溯子系统，通过互联网或电信网与城市追溯管理平台连接。落实专职管理人员，对追溯子系统进行日常管理。要求管理人员具备计算机基本常识，熟悉业务流程，能熟练应用追溯子系统，确保长效运行。

（三）追溯管理

凭生猪产地检疫证明准入，凭交易凭证、肉类蔬菜流通服务卡准出。确保生猪来源信息对接肉品流向信息，屠宰厂生猪来源信息对接批发、零售终端信息，实现信息环环相扣的追溯要求。

（四）业务流程管理

1. 进场经营者（货主、买主）备案

进场经营者须凭有效身份证件、营业执照，并提供对应复印件，到屠宰厂进行备案。由屠宰厂登记经营者基本信息，并写入肉类蔬菜流通服务卡，发放给经营者。实行持卡经营，无卡者不得参与生猪屠宰加工及肉品交易

2. 生猪进厂登记

在生猪进厂处设置登记窗口，由屠宰厂管理人员验证（生猪产地检疫证）收货，货证相符后按要求划分批次，并将信息输入追溯子系统，生成电子台账，保存原始单证 2 年以上。实际进猪数不得超出检疫证的生猪数量，超出部分拒收。

3. 屠宰批次管理

以生猪产地检疫证明为批次管理依据，同一张产地检疫证明的生猪为同一批次。不同批次生猪需分别屠宰，分清每一批次。

4. 宰前检疫登记

在生猪屠宰前需进行宰前检疫，经“尿样瘦肉精”抽检后，将检测结果输入追溯子系统，方可进行屠宰。

5. 宰后检疫检验登记

经宰后检疫和肉品品质检验后，将检测结果输入追溯子系统，不合格产品不允许出厂。

6. 肉品交易（出厂）管理

设置专用登记窗口，登记肉品交易（出厂）相关信息。由货主开具成交单，买主凭成交单到登记窗口进行登记，将生猪来源信息与肉品流向信息关联，并将有关信息写入买主肉类蔬菜流通服务卡，打印交易凭证。登记窗口可同时承担资金结算功能，代为收付货款。

设有肉品批发交易场所的屠宰厂，应建设电子化结算系统，支持多种支付方式，同时承担资金结算及追溯管理等功能。屠宰厂管理员或货主采用自助式交易终端或手持（移动）式交易终端等适用设备录入肉品交易信息，实时传送结算系统，实现资金流与信息流相对接，并将有关信息写入买主肉类蔬菜流通服务卡，打印交易凭证。

7. 信息上报管理

由屠宰厂负责，将（五）规定的数据采集内容中列明的经营主体基本信息、生猪进场信息、检疫检验信息、肉品交易信息及时（信息录入后 1 小时内）上传至城市追溯管理平台，并在追溯子系统中保留 2 年以上。

（五）数据采集内容

1. 屠宰厂基本信息

企业编码、企业名称、工商注册登记证号、隶属行政区划及代码（到区县级）、备案日期、法人代表、经营地址、联系电话、传真。

2. 进场经营者（货主、买主）基本信息。

备案屠宰企业编码、备案屠宰企业名称、经营者编码、经营者名称、工商注册登记证号或身份证号、经营者性质、经营类型、备案日期、法人代表（指企业）、手机号码、信息更新日期。

3. 生猪进厂信息

屠宰企业编码、屠宰企业名称、进厂日期、货主编码、货主名称、生猪产地检疫证号、检疫证进场数量、采购价、实际进场数量及重量、途亡数量、检疫结果、产地编码、产地名称、养殖场名称、运输车牌号。

4. 屠宰检疫检验信息

屠宰企业编码、屠宰企业名称、货主编码、货主名称、生猪产地检疫证号、头数、采样头数、采样样品编号、检验员、抽检日期、阳性头数、动物产品检疫合格证、肉品品质检验合格证。

5. 屠宰厂肉品交易信息

屠宰企业编码、屠宰企业名称、交易日期、货主编码、货主名称、买主编码、买主名称、动物产品检疫合格证号、肉品品质检验合格证、商品编码、商品名称、重量、单价、到达地、交易凭证号。

三、批发市场（配送中心）基本要求

（一）总体要求

通过建立覆盖肉品进场、检测及交易等关键环节的全程信息管理，达到对猪肉批发（配送）的信息追溯要求。以屠宰厂交易凭证、肉类蔬菜流通服务卡为肉品来源依据，以批发市场交易凭证、肉类蔬菜流通服务卡为肉品流向依据（卡单同行），确保来源信息与流向信息相关联，上连生猪屠宰企业、货主，下接零售摊位经营户。在批发市场内设置场内交易摊位的，必须与批发交易信息相对接，采用标签电子秤打印零售凭证

（二）基础管理

建立企业内部网络，配置与本批发市场相适应的硬件设备，安装批发环节追溯子系统，通过互联网或电信网与城市追溯管理平台连接。落实专职管理人员，对追溯子系统进行日常管理。管理人员须具备计算机基本常识，熟悉批发业务流程，能熟练应用追溯子系统，确保长效运行。大中型批发市场（日批发量500头以上）实行电子结算，配置适于电子结算的相关设备。

（三）追溯管理

凭屠宰厂交易凭证（或动物产品检疫合格证和肉品品质检验合格证）、肉类蔬菜流通服务卡（批发商）准入，凭批发市场交易凭证、肉类蔬菜流通服务卡（零售商）准出。确保肉品来源信息对接肉品流向信息，上游肉品来源信息对接肉品批发流向信息，批发信息对接零售终端信息，实现信息环环相扣的追溯要求。

（四）业务流程管理

1. 进场经营者（批发商、零售商）备案

交易主体须凭有效身份证件、营业执照，并提供对应复印件，到批发市场进行备案。由批发市场登记经营者基本信息，并写入肉类蔬菜流通服务卡，发放给经营者。实行持卡经营，无卡者不得参与交易。

2. 肉品进场管理

在肉品进场处设置登记窗口，由批发市场管理员验证（屠宰厂交易凭证）收货，读取肉类蔬菜流通服务卡，将信息自动导入追溯子系统，完成与系统中该批次肉品信息的匹配验证。

对尚未建立电子台账的肉品，由批发市场管理员验证（肉品检疫合格证）收货，货证相符后将信息输入追溯子系统，按批次生成电子台账，保存原始单证2年以上。

实现电子化结算的，需对每片猪肉过磅称重，将交易凭证号（肉品检疫合格证号）、批发商、肉品重量、挂钩号信息关联。

3. 肉品检测登记管理

在肉品交易前对肉品进行水分、瘦肉精等检测，将检测信息输入追溯子系统。

4. 肉品交易管理

批发市场应建设电子化结算系统，支持多种支付方式，同时承担资金结算与追溯管理等功能。设置肉品交易专用登记窗口，或者采用自助式交易终端或手持式交易终端等方式进行交易信息录入，将肉品来源信息与流向信息相关联，实时传送结算系统，实现资金流与信息流相对接，并将有关信息写入买方肉类蔬菜流通服务卡，打印交易凭证。

5. 数据上报管理

由批发市场负责，将（五）所规定的数据采集内容中列明的经营主体基本信息、肉品进场信息、肉品检测信息、肉品交易信息及时（信息录入后1小时内）上传至城市追溯管理平台，并在追溯子系统中至少保留2年以上。

（五）数据采集内容

1. 批发市场（配送中心）基本信息

企业编码、企业名称、工商注册登记证号、隶属行政区划及代码（到区县级）、备案日期、法人代表、经营地址、联系电话、传真。

2. 进场经营者（批发商、零售商）基本信息

备案批发市场编码、备案批发市场名称、经营者编码、经营者名称、工商注册登记证号或身份证号、经营者性质、经营类型、备案日期、法人代表（指企业）、手机号码、信息更新日期。

3. 肉品进场信息

批发市场编码、批发市场名称、进场日期、批发商编码、批发商名称、交易凭证号或动物产品检疫合格证号或肉品品质检验合格证号、商品编码、商品名称、重量、单价、产地编码、产地名称、运输车牌号、供货屠宰厂或批发市场编码、供货屠宰厂或批发市场名称。

4. 肉品检测信息

批发市场编码、批发市场名称、批发商编码、批发商名称、交易凭证号或动物产品检疫合格证号或肉品品质检验合格证号、商品编码、

商品名称、样品编号、检测员、检测日期、检测结果。

5. 肉品交易信息

批发市场编码、批发市场名称、交易日期、批发商编码、批发商名称、零售商编码、零售商名称、交易凭证号或动物产品检疫合格证号或肉品品质检验合格证号、商品编码、商品名称、重量、单价、到达地、交易凭证号。

四、零售市场基本要求

（一）总体要求

通过在零售市场对肉品进货验收，与屠宰企业、批发市场肉类蔬菜流通服务卡对接后，在零售终端自动生成进货信息，并与标签电子秤实现信息对接，最终通过肉品零售凭证输出。以交易凭证（屠宰厂或批发市场开具）、肉类蔬菜流通服务卡为肉品进货依据，肉品来源信息下传标签电子秤为手段，确保零售凭证具有可追溯性。

（二）基础管理

建立企业内部网络，配置电脑、读写卡器，以及与本市场相适应的其它硬件设备，安装零售市场追溯子系统，通过互联网或电信网与城市追溯管理平台连接。肉品销售摊位配置专用电子秤，实现电子秤联网。落实专职管理人员，负责对追溯子系统进行日常管理。管理人员必须具备计算机基本常识，熟悉业务流程，能熟练应用追溯子系统，确保长效运行。

（三）追溯管理

凭批发市场（或屠宰场）交易凭证或动物产品检疫合格证和肉品品质检验合格证、肉类蔬菜流通服务卡准入。确保肉品进货信息对接肉品零售信息。

（四）业务流程管理。

1. 持卡管理

零售商在本市任意一个屠宰厂、批发市场或零售市场备案，建立零售商信息档案，办理肉类蔬菜流通服务卡。实行持卡经营，无卡者不得经营。

2. 索证验货管理

肉品进场时，由零售市场管理员进行索证（屠宰厂或批发市场交易凭证）验货。

3. 肉品进场管理

对于已建立电子台账的，读取肉类蔬菜流通服务卡，信息自动导入零售市场追溯子系统，完成与系统中该批次肉品信息的匹配验证。未建立电子台账的，由人工录入，建立电子台账。

4. 数据下传电子秤

完成进场验货登记后，将进场肉品品种、进货量、追溯码等信息在销售前下传电子秤。

5. 零售凭证打印

肉品销售时，零售商应为消费者打印零售凭证，记载市场名称、摊位号、日期、商品名称、追溯码、价格、数量、金额等内容。

6. 数据上传

当天进场登记完成后，将（五）所规定的数据采集内容中列明的进场信息及时（1 小时内）上传城市追溯管理平台；当天营业结束后，将电子秤销售数据上传至追溯子系统，并将销售汇总信息及时（1 小时内）上传城市追溯管理平台。相关信息在追溯子系统中至少保留 2 年以上。

（五）数据采集内容

1. 零售市场基本信息

企业编码、企业名称、工商注册登记证号、隶属行政区划及代码（到区县级）、备案日期、法人代表、经营地址、联系电话、传真。

2. 进场经营者（零售商）基本信息

备案零售市场编码、备案零售市场名称、经营者编码、经营者名称、工商注册登记证号或身份证号、经营者性质、经营类型、备案日期、法人代表（指企业）、手机号码、信息更新日期。

3. 肉品进场信息

零售市场编码、零售市场名称、进场日期、零售商编码、零售商名称、交易凭证号或动物产品检疫合格证号或肉品品质检验合格证号、商品编码、商品名称、重量、单价、供货屠宰厂或批发市场编码、供货屠宰厂或批发市场名称。

4. 肉品销售汇总信息

零售市场编码、零售市场名称、进货日期、销售日期、零售商编码、零售商名称、零售摊位号、交易凭证号或动物产品检疫合格证号或肉品品质检验合格证号、商品编码、商品名称、重量、单价、零售凭证号。

五、超市基本要求

（一）总体要求

通过完善超市内部业务流程，制定个性化解决方案，以进场确认和交易打单管理为核心，以智能溯源秤或标签电子秤为信息对称控制手段，在肉品包装标签上叠加追溯码，实现肉品销售可追溯。

（二）基础管理

配置与本超市相适应的硬件设备，安装超市追溯子系统，通过互联网或电信网与城市追溯管理平台连接。配备具有打印追溯码功能电子秤或改造电子秤软件。落实专职管理人员，负责对追溯子系统进行日常管理。管理人员必须具备计算机基本常识，熟悉业务流程，能熟练应用追溯子系统，确保长效运行。

（三）追溯管理

凭批发市场（或屠宰场）交易凭证或动物产品检疫合格证和肉品品质检验合格证、肉类蔬菜流通服务卡准入，凭肉品包装标签准出。确保肉品进货信息对接肉品包装标签信息。

（四）业务流程管理

1. 供应商备案

对肉品供应商进行备案，建立基本信息档案，发放肉类蔬菜流通服务卡。供应商已在其他流通节点备案的，不需要重新发卡。

2. 索证验货

肉品进场时，由超市管理员进行索证（屠宰厂或批发市场交易凭证）验货，货证相符后读取肉类蔬菜流通服务卡，将信息导入追溯子系统，完成与系统中该批次肉品信息的匹配验证。

3. 数据下传电子秤

完成索证验货后，通过网络或读取肉类蔬菜流通服务卡，将肉品品种、重量、交易凭证号等信息在包装、销售前下传电子秤或称重包装设备。

4. 存储管理

按肉品供应商、日期、批次单独存储，不得混批存储。

5. 分割包装管理

按同一供应商同一批次肉品分割包装，在称重包装设备上能支持追溯码打印，在原有的肉品包装标签上叠加追溯码。

6. 现场分割管理

肉品现场分割应按同一供应商同一批次肉品放入同一周转箱内，每一周转箱上有明显的标号，一个标号对应一个追溯码。

7. 肉类包装标签打印

电子秤支持追溯码打印功能，通过电子秤快捷键或代码输入方式，可选择销售品种，设定销售价格和追溯码。

8. 数据上传

由超市负责，将（五）所规定数据采集内容中列明的经营主体基本信息和进场信息及时（信息录入后 1 小时内）上传城市追溯管理平台。相关信息在追溯子系统中至少保留 2 年以上。

（五）数据采集内容。

1. 超市基本信息

企业编码、企业名称、工商注册登记证号、隶属行政区划及代码（到区县级）、备案日期、法人代表、经营地址、联系电话、传真。

2. 供应商基本信息

备案超市编码、备案超市名称、供应商编码、供应商名称、工商注册登记证号或身份证号、经营类型、备案日期、法人代表（指企业）、手机号码、信息更新日期。

3. 肉品进场信息

超市编码、超市名称、进场日期、供应商编码、供应商名称、交易凭证号或动物产品检疫合格证号或肉品品质检验证号、商品编码、商品名称、重量、单价、零售凭证号。

六、团体消费单位基本要求

（一）总体要求

通过在团体消费单位（大中型企业、学校、酒店、肉制品加工厂等）对肉品进行索证验货，与肉类蔬菜流通服务卡信息对接后，在团体消费追溯子系统自动生成进货备案信息。

（二）基础管理

配置电脑、读写卡器等设备，安装团体消费环节追溯子系统，通过互联网或电信网与城市追溯管理平台连接。落实专职管理人员，负责对追溯子系统进行日常管理。管理人员必须具备计算机基本常识，能熟练应用追溯子系统，确保长效运行。

（三）追溯管理

凭交易凭证或零售凭证、肉类蔬菜流通服务卡准入。

（四）业务流程管理

1. 持卡采购

团体消费单位应到上游采购企业（屠宰厂、批发市场或零售市场）备案登记，并办理肉类蔬菜流通服务卡，持卡采购。

2. 索证验货

肉品进场时，由企业管理员进行索证（交易凭证或零售凭证）验货，货证相符后读取肉类蔬菜流通服务卡，将信息自动导入追溯子系统，完成与系统中所属批次肉品信息的匹配验证。

3. 数据上传

每完成一批肉品进货数据录入后，在 1 小时内将（五）所规定数据采集内容中列明的数据上传至城市追溯管理平台。相关信息在追溯子系统中保留 2 年以上。

(五) 数据采集内容

1. 团体消费单位基本信息

备案节点企业编码、备案节点企业名称、企业编码、企业名称、工商注册登记证号、隶属行政区划及代码（到区县级)、备案日期、法人代表、经营地址、联系电话、传真。

2. 肉品进场信息

团体消费单位编码、团体消费单位名称、进货日期、供应商编码、供应商名称、交易凭证号或零售凭证号、商品编码、商品名称、重量、单价、供货市场或屠宰厂编码、供货市场或屠宰厂名称。

**附：**

## 各流通节点数据采集具体内容及详细说明

一、屠宰厂数据采集内容

### 屠宰厂基本信息

| 具体指标 | 指标说明 |
|---|---|
| 企业编码 | 指按《肉菜流通追溯体系编码规则》生成的屠宰厂主体码 |
| 企业名称 | 指在工商行政管理部门注册登记的企业具体名称 |
| 工商注册登记证号 | 指屠宰厂在工商行政管理部门注册登记时的编号 |
| 隶属行政区划及代码(到区县级) | 指该屠宰厂经营场所所在地的具体名称（到区县级）及根据《GB/T 2260 中华人民共和国行政区划代码》确定的行政区划代码 |
| 备案日期 | 指屠宰企业在城市追溯管理平台备案的日期，格式为 yy-mm-dd |
| 法人代表 | |
| 经营地址 | 指屠宰厂从事经营活动所在地的通讯地址，具体到门牌号 |

续表

| 具体指标 | 指标说明 |
|---|---|
| 联系电话 | 指屠宰厂主要负责人的固定电话、手机等主要联络方式 |
| 传真 | 指屠宰厂主要负责人日常接收传真的电话 |

## 屠宰厂进场经营者（货主、买主）基本信息

| 具体指标 | 指标说明 |
|---|---|
| 备案屠宰厂编码 | 指给进场经营者备案发卡的屠宰厂编码，按《肉菜流通追溯体系编码规则》执行 |
| 备案屠宰厂名称 | 指给进场经营者备案发卡的屠宰厂名称 |
| 经营者编码 | 指在屠宰厂从事交易活动的经营者主体码，按《肉菜流通追溯体系编码规则》执行 |
| 经营者名称 | 企业法人指在工商行政管理部门注册登记的名称，个体户则指身份证上的姓名 |
| 工商注册登记证号或身份证号 | 企业法人指在工商行政管理部门注册的编号，个体户指居民身份证号码 |
| 经营者性质 | 指注明经营者是企业法人或个体户 |
| 经营类型 | 分生猪批发商、肉品批发商、肉品零售商、配送企业、其他等类型 |
| 备案日期 | 指经营者在流通节点备案的日期，格式为 yy-mm-dd |
| 法人代表（指企业） | |
| 手机号码 | 指经营者经常使用，并能随时联络的手机号码 |
| 信息更新日期 | 指进场经营者最后一次更新备案信息的日期，格式为 yy-mm-dd |

## 屠宰厂生猪进厂信息

| 具体指标 | 指标说明 |
| --- | --- |
| 屠宰厂编码 | 指生猪进入的屠宰厂的编码，按《肉菜流通追溯体系编码规则》执行 |
| 屠宰厂名称 | 指生猪进入的屠宰厂的名称 |
| 进厂日期 | 指生猪进入屠宰厂的具体日期，格式为 yy-mm-dd |
| 货主编码 | 指作为进场生猪所有者的经营者的主体码，按《肉菜流通追溯体系编码规则》执行 |
| 货主名称 | 企业法人指在工商行政管理部门注册登记的名称；个体户指身份证姓名 |
| 生猪产地检疫证号 | 指由生猪产地官方检疫机构出具的生猪产地检疫证的号码，一般在首次建立电子台账时作为批次号 |
| 检疫证进场数量 | 指生猪产地检疫证上标注的生猪数量（单位：头） |
| 采购价 | 指入场生猪的成交价格（单位：元/公斤） |
| 实际进场数量及重量 | 指由屠宰厂管理人员查验的同一张生猪产地检疫证明的生猪实际进场的数量（单位：头）和重量（单位：公斤） |
| 途亡数量 | 指同一张生猪产地检疫证明的生猪在运输途中死亡的数量（单位：头） |
| 检疫结果 | 指由检疫人员对生猪进场检疫的结果 |
| 产地编码 | 指生猪生长地区（到区县级）的行政区划代码，按《GB/T 2260 中华人民共和国行政区划代码》执行 |
| 产地名称 | 指生猪生长地区（到区县级）的具体名称，按《GB/T 2260 中华人民共和国行政区划代码》执行 |
| 养殖场名称 | 指生猪养殖场在工商行政管理部门注册登记的具体名称，如果是个体户则为身份证上的姓名 |
| 运输车牌号 | 指运输生猪的车辆牌号 |

# 农业产品征税范围注释

财政部 国家税务总局关于印发
《农业产品征税范围注释》的通知
财税字〔1995〕52号

各省、自治区、直辖市和计划单列市国家税务局：

根据《财政部、国家税务总局关于调整农业产品增值税税率和若干项目征免增值税的通知》〔（94）财税字第004号〕的规定，从1994年5月1日起，农业产品增值税税率已由17%调整为13%. 现将《农业产品征税范围注释》（以下简称注释）印发给你们，并就有关问题明确如下：

一、《中华人民共和国增值税暂行条例》第十六条所列免税项目的第一项所称的“农业生产者销售的自产农业产品”，是指直接从事植物的种植、收割和动物的饲养、捕捞的单位和个人销售的注释所列的自产农业产品；对上述单位和个人销售的外购的农业产品，以及单位和个人外购农业产品生产、加工后销售的仍然属于注释所列的农业产品，不属于免税的范围，应当按照规定税率征收增值税。

二、农业生产者用自产的茶青再经筛分、风选、拣剔、碎块、干燥、匀堆等工序精制而成的精制茶，不得按照农业生产者销售的自产农业产品免税的规定执行，应当按照规定的税率征税。

本通知从1995年7月1日起执行，原各地国家税务局规定的农业产品范围同时废止。

中华人民共和国财政部
国家税务总局
1995年6月15日

农业产品是指种植业、养殖业、林业、牧业、水产业生产的各种植物、动物的初级产品。农业产品的征税范围包括：

一、植物类

植物类包括人工种植和天然生长的各种植物的初级产品。具体征税范围为：

（一）粮食

粮食是指各种主食食科植物果实的总称。本货物的征税范围包括小麦、稻谷、玉米、高粱、谷子和其他杂粮（如：大麦、燕麦等），以及经碾磨、脱壳等工艺加工后的粮食（如：面粉，米，玉米面、渣等）。

切面、饺子皮、馄饨皮、面皮、米粉等粮食复制品，也属于本货物的征税范围。

以粮食为原料加工的速冻食品、方便面、副食品和各种熟食品，不属于本货物的征税范围。

（二）蔬菜

蔬菜是指可作副食的草本、木本植物的总称。本货物的征税范围包括各种蔬菜、菌类植物和少数可作副食的木本植物。

经晾晒、冷藏、冷冻、包装、脱水等工序加工的蔬菜，腌菜、咸菜、酱菜和盐渍蔬菜等，也属于本货物的征税范围。

各种蔬菜罐头（罐头是指以金属罐、玻璃瓶和其他材料包装，经排气密封的各种食品。下同）不属于本货物的征税范围。

（二）烟叶

烟叶是指各种烟草的叶片和经过简单加工的叶片。本货物的征税范围包括晒烟叶、晾烟叶和初烤烟叶。

1. 晒烟叶。是指利用太阳能露天晒制的烟叶。

2. 晾烟叶。是指在晾房内自然干燥的烟叶。

3. 初考烟叶。是指烟草种植者直接烤制的烟叶。不包括专业复烤厂烤制的复烤烟叶。

（四）茶叶

茶叶是指从茶树上采摘下来的鲜叶和嫩芽（即茶青），以及经吹干、揉拌、发酵、烘干等工序初制的茶。本货物的征税范围包括各种毛茶（如红毛茶、绿毛茶、乌龙毛茶、白毛茶、黑毛茶等）。

精制茶、边销茶及掺对各种药物的茶和茶饮料，不属于本货物的征税范围。

（五）园艺植物

园艺植物是指可供食用的果实，如水果、果干（如荔枝干、桂圆干、葡萄干等）、干果、果仁、果用瓜（如甜瓜、西瓜、哈密瓜等），以及胡椒、花椒、大料、咖啡豆等。

经冷冻、冷藏、包装等工序加工的园艺植物，也属于本货物的征税范围。

各种水果罐头，果脯，蜜饯，炒制的果仁、坚果，碾磨后的园艺植物（如胡椒粉、花椒粉等），不属于本货物的征税范围。

（六）药用植物

药用植物是指用作中药原药的各种植物的根、茎、皮、叶、花、果实等。

利用上述药用植物加工制成的片、丝、块、段等中药饮片，也属于本货物的征税范围。

中成药不属于本货物的征税范围。

（七）油料植物

油料植物是指主要用作榨取油脂的各种植物的根、茎、叶、果实、花或者胚芽组织等初级产品，如菜子（包括芥菜子）、花生、大豆、葵花子、蓖麻子、芝麻子、胡麻子、茶子、桐子、橄榄仁、棕榈仁、棉籽等。

提取芳香油的芳香油料植物，也属于本货物的征税范围。

（八）纤维植物

纤维植物是指利用其纤维作纺织、造纸原料或者绳索的植物，如棉（包括籽棉、皮棉、絮棉）、大麻、黄麻、槿麻、苎麻、苘麻、亚麻、罗布麻、蕉麻、剑麻等。

棉短绒和麻纤维经脱胶后的精干（洗）麻，也属于本货物的征税范围。

（九）糖料植物

糖料植物是指主要用作制糖的各种植物，如甘蔗、甜菜等。

（十）林业产品

林业产品是指乔木、灌木和竹类植物，以及天然树脂、天然橡胶。林业产品的征税范围包括：

1. 原木。是指将砍伐倒的乔木去其枝芽、梢头或者皮的乔木、灌木，以及锯成一定长度的木段。

锯材不属于本货物的征税范围。

2. 原竹。是指将砍倒的竹去其枝、梢或者叶的竹类植物，以及锯成一定长度的竹段。

3. 天然树脂。是指木科植物的分泌物，包括生漆、树脂和树胶，如松脂、桃胶、樱胶、阿拉伯胶、古巴胶和天然橡胶（包括乳胶和干胶）等。

4. 其他林业产品。是指除上述列举林业产品以外的其他各种林业产品，如竹笋、笋干、棕竹、棕榈衣、树枝、树叶、树皮、藤条等。

盐水竹笋也属于本货物的征税范围。

竹笋罐头不属于本货物的征税范围。

（十一）其他植物

其他植物是指除上述列举植物以外的其他各种人工种植和野生的植物，如树苗、花卉、植物种子、植物叶子、草、麦秸、豆类、薯类、藻类植物等。

干花、干草、薯干、干制的藻类植物，农业产品的下脚料等，也属于本货物的征税范围。

二、动物类

动物类包括人工养殖和天然生长的各种动物的初级产品。具体征税范围为：

（一）水产品

水产品是指人工放养和人工捕捞的鱼、虾、蟹、鳖、贝类、棘皮类、软体类、腔肠类、海兽类动物。本货物的征税范围包括鱼、虾、蟹、鳖、贝类、棘皮类、软体类、腔肠类、海兽类、鱼苗（卵）、虾苗、蟹苗、贝苗（秧），以及经冷冻、冷藏、盐渍等防腐处理和包装的水产品。

干制的鱼、虾、蟹、贝类、棘皮类、软体类、腔肠类，如干鱼、干虾、干虾仁、干贝等，以及未加工成工艺品的贝壳、珍珠，也属于本货物的征税范围。

熟制的水产品和各类水产品的罐头，不属于本货物的征税范围。

（二）畜牧产品

畜牧产品是指人工饲养、繁殖取得和捕获的各种畜禽。本货物的征税范围包括：

1. 兽类、禽类和爬行类动物，如牛、马、猪、羊、鸡、鸭等。

2. 兽类、禽类和爬行类动物的肉产品，包括整块或者分割的鲜肉、冷藏或者冷冻肉、盐渍肉，兽类、禽类和爬行类动物的内脏、头、尾、蹄等组织。

各种兽类、禽类和爬行类动物的肉类生制品，如腊肉、腌肉、熏肉等，也属于本货物的征税范围。

各种肉类罐头、肉类熟制品，不属于本货物的征税范围。

3. 蛋类产品。是指各种禽类动物和爬行类动物的卵，包括鲜蛋、冷藏蛋。

经加工的咸蛋、松花蛋、腌制的蛋等，也属于本货物的征税范围。

各种蛋类的罐头不属于本货物的征税范围。

4. 鲜奶。是指各种哺乳类动物的乳汁和经净化、杀菌等加工工序生产的乳汁。

用鲜奶加工的各种奶制品，如酸奶、奶酪、奶油等，不属于本货物的征税范围。

（三）动物皮张

动物皮张是指从各种动物（兽类、禽类和爬行类动物）身上直接剥取的，未经鞣制的生皮、生皮张。

将生皮、生皮张用清水、盐水或者防腐药水浸泡、刮里、脱毛、晒干或者熏干，未经鞣制的，也属于本货物的征税范围。

（四）动物毛绒

动物毛绒是指未经洗净的各种动物的毛发、绒发和羽毛。

洗净毛、洗净绒等不属于本货物的征税范围。

（五）其他动物组织

其他动物组织是指上述列举以外的兽类、禽类、爬行类动物的其他组织，以及昆虫类动物。

1. 蚕茧。包括鲜茧和干茧，以及蚕蛹。

2. 天然蜂蜜。是指采集的未经加工的天然蜂蜜、鲜蜂王浆等。

3. 动物树脂，如虫胶等。

4. 其他动物组织，如动物骨、壳、兽角、动物血液、动物分泌物、蚕种等。

# 农产品成本调查管理办法（修订稿）

## 关于公开征求对《农产品成本调查管理办法》修订稿意见的公告

为贯彻落实《中共中央 国务院关于推进价格机制改革的若干意见》（中发〔2015〕28号）精神，进一步加强农产品成本调查工作，完善农产品成本调查制度体系，我委对1999年颁布的《农产品成本调查管理办法》进行了修订，形成《农产品成本调查管理办法》修订稿，现向社会公开征求意见。

此次公开征求意见的时间为2017年5月15日至2017年5月30日。各界人士可通过登录国家发展改革委门户网站（http：//www.ndrc.gov.cn）首页“意见征求”专栏，进入“《农产品成本调查管理办法》修订稿公开征求意见”栏目，或发送传真至010—68501742，提出意见建议。

感谢您的参与和支持。

国家发展改革委

2017年5月15日

**第一条** 为科学、有效地组织农产品成本调查工作，保障调查数据的真实性、准确性、完整性和及时性，充分发挥农产品成本调查在宏观调控、农业供给侧结构性改革和农业政策制定中的支撑作用，积极为农业生产经营者提供服务，根据《中华人民共和国价格法》、《中华人民共和国统计法》，制定本办法。

**第二条** 本办法适用于各级人民政府价格主管部门组织开展的农产品成本调查（以下简称农本调查）工作。

**第三条** 本办法所称农产品成本，是指农林牧渔产品及其加工转化产品在生产经营过程中耗费的各种有形和无形资源的价值总和。

**第四条** 本办法所称农本调查，是指各级人民政府价格主管部门按照统一的调查制度，对农产品生产经营成本、收益及相关经济指标进行调查的行政活动。

**第五条** 农本调查工作实行统一领导、分级负责。国务院价格主管部门负责全国农本调查工作，地方各级人民政府价格主管部门负责本行政区域内的农本调查工作。

**第六条** 设区市以上各级人民政府价格主管部门应设立专门的成本调查机构，确定专人负责农本调查工作；承担农本调查任务的县级人民政府价格主管部门，应配备专职人员负责农本调查工作，具备条件的应设立专门的成本调查机构。

**第七条** 农本调查人员应具备必要的专业知识和专业技能。各级人民政府价格主管部门应保持农本调查人员相对稳定。农本调查人员需要变动的，应先补后调，做好培训和交接工作，并及时报告上一级人民政府价格主管部门。

**第八条** 各级人民政府价格主管部门应将农本调查所需经费纳入本部门年度财政预算，专款专用，切实保障误工补贴发放、走访农本调查对象、业务培训、数据审核汇总、信息化建设等基础工作的正常开展。

**第九条** 各级人民政府价格主管部门应加强农本调查信息化建设，提供必要的计算机、移动智能终端等技术装备和其他各项条件，利用“互联网+”、大数据、云计算等现代信息技术，积极推进农本调查数据采集、处理、传输、存储和发布等全流程信息化。

**第十条** 各级人民政府价格主管部门应严格执行国家制定的农本调查制度，保证调查数据的准确性；加强对调查数据的分析应用，拓展服务领域，增强服务能力，提高服务质量。

**第十一条** 全国统一开展调查的农产品品种由国务院价格主管部门规定，地方开展调查的农产品品种由地方各级人民政府价格主管部门规定。

各级人民政府价格主管部门应根据宏观调控和政策制定需要，适应农产品主产区和生产结构变化情况，对主要农产品和特色农产品开展调查，并对调查品种实行动态调整。

**第十二条** 农本调查对象包括从事农产品生产经营活动的公民、法人和其他组织。

选取农本调查对象的原则，由国务院价格主管部门统一规定。

地方各级人民政府价格主管部门根据国家规定的原则，确定本行政区域内的农本调查对象，并报上一级人民政府价格主管部门备案。

各级人民政府价格主管部门应向承担本级品种任务的农本调查对象颁发“定点农产品成本调查单位（户）”牌匾和证书。国务院价格主管部门委托省级人民政府价格主管部门向承担国家品种任务的农本调查对象颁发牌匾和证书。负责直接管理农本调查对象的价格主管部门应与其签订农本调查协议书。各级人民政府价格主管部门应建立农本调查对象的电子信息档案；根据农业生产规模、品种、方式等情况变化，对农本调查对象实行动态调整；适应农本调查对象特点，积极创新数据采集方式。

**第十三条** 农本调查主要采用典型调查和抽样调查方法，依据农本调查对象登记的投入产出情况，对其生产经营开展常年性连续调查，并以一次性专项调查为补充，由负责直接管理农本调查对象的价格主管部门对原始成本资料进行收集、整理、审核、汇总后，按规定报送上级人民政府价格主管部门。

**第十四条** 农本调查的调查表式、指标涵义、计算方法和计算机汇总编码由国务院价格主管部门统一制定。

**第十五条** 农本调查数据的取得要经过登记、审核和汇总上报三个环节。

（一）登记。农本调查对象按照调查制度规定，使用统一印制的登记簿，记录所承担调查品种生产经营过程中耗费的各种资源以及其他按规定需要登记的信息。

（二）审核。各级人民政府价格主管部门对农本调查对象或下级部门报送的农本调查资料进行分类整理、认真审核。农本调查人员如发现资料来源或数据有误，应向农本调查对象和数据报送单位查询后改正，确保数据准确。未经审核的农本调查资料，不得向上级报送。

（三）汇总上报。农本调查资料经审核确定后，地方各级人民政府价格主管部门对本行政区域的调查数据进行汇总，对调查情况进行综合分析，并按规定期限报送上级人民政府价格主管部门。

**第十六条** 各级人民政府价格主管部门应建立健全农本调查信息公开制度，明确公开范围、方式和程序。

国务院价格主管部门负责公开全国农本调查信息；地方各级人民政府价格主管部门负责公开本行政区域的农本调查信息。

涉及国家秘密、商业秘密、个人隐私的农本调查信息，按照国家有关保密规定执行。

**第十七条** 各级人民政府价格主管部门在农本调查工作中履行下列职责：

（一）制订农本调查计划，部署农本调查工作；

（二）组织开展农本调查，收集、整理、审核、汇总上报和管理农本调查资料；

（三）建立健全信息公开制度，向社会公开农本调查信息；

（四）研究分析成本变化原因，预测成本变动趋势；

（五）指导、督促和检查农本调查对象的农本调查资料登记和上报工作；

（六）指导、监督、检查和考核下级人民政府价格主管部门的农本调查工作；

（七）组织开展对农本调查人员和农本调查对象的业务培训。

**第十八条** 农本调查对象享有下列权利：

（一）从各级人民政府价格主管部门获取相关农产品社会平均生产经营成本资料；

（二）在有可能损害自身利益的前提下，要求农本调查机构及人员对其生产经营和成本效益情况保密；

（三）获得适当的误工补贴。

**第十九条** 农本调查对象应承担下列义务：

（一）根据农本调查工作要求，使用统一的登记台帐，遵守农本调查资料的登记、报送等制度；

（二）确保登记台帐的内容真实、准确、完整、及时；

（三）服从政府价格主管部门的农本调查管理，按要求提供成本、价格、财务报表及其他必要的资料。

**第二十条** 各级人民政府价格主管部门对符合下列条件之一的农本调查机构、农本调查人员和农本调查对象，应给予表彰奖励：

（一）执行农本调查规定表现突出，在完成调查任务，保障调查资料真实性、准确性、完整性和及时性方面取得显著成绩的；

（二）在改进和完善农本调查制度、农本调查方法等方面有重要贡献的；

（三）在农本调查工作中运用和推广现代信息技术有显著效果的；

（四）在农本调查成果应用和科学研究方面有重大创新、做出重要贡献的。

**第二十一条** 各级人民政府价格主管部门在组织实施农本调查活动中有下列行为之一的，由上级人民政府价格主管部门或者本级人民政府责令改正，予以通报；对直接负责的主管人员和其他直接责任人员，依法给予处分：

（一）未经批准擅自变更农本调查制度的；

（二）伪造、篡改农本调查资料的；

（三）要求农本调查对象或者其他机构、人员提供不真实农本调查资料的；

（四）未按照农本调查制度的规定报送有关资料的；

（五）违反规定公布农本调查资料的；

（六）泄露农本调查对象的商业秘密、个人信息或者提供、泄露在农本调查中获得的能够识别或者推断单个农本调查对象身份资料的；

（七）违反国家有关规定，造成农本调查资料毁损、灭失的。

**第二十二条** 作为农本调查对象的公民、法人和其他组织有下列行为之一的，由县级以上人民政府价格主管部门责令改正，拒不改正的，解除农本调查协议，收回调查牌匾和证书：

（一）拒绝提供农本调查资料或者经催报后仍未按时提供农本调查资料的；

（二）提供不真实或者不完整农本调查资料的；

（三）拒绝答复或者不如实答复农本调查查询的；

（四）拒绝、阻碍农本调查和检查的。

**第二十三条** 各省、自治区、直辖市人民政府价格主管部门可以根据本办法制定实施细则。

**第二十四条** 本办法由国家发展和改革委员会负责解释。

**第二十五条** 本办法自公布之日起施行，有效期 5 年。1999 年 7 月 5 日公布的《农产品成本调查管理办法》同时废止。

**附：**

## 关于《农产品成本调查管理办法》的修订说明

为规范和促进农产品成本调查（以下简称农本调查）工作，原国家计委于 1999 年制定了《农产品成本调查管理办法》（以下简称《办法》）。

《办法》实施以来，有力推进了农本调查工作的全面深入开展，建立了以《办法》为中心较为完善的调查制度体系，构建了覆盖全国的调查网络，建成了全国 54 种主要农产品的成本收益数据库。农本调查不仅在历次农产品价格改革中发挥了积极作用，也为当前目标价格、最低收购价格、农业补贴和农业保险等农业政策的制定提供了重要支撑。

近年来，随着我国价格机制改革的不断深入和农业现代化的快速推进，农本调查工作面临着新的形势和要求，修订《办法》既是贯彻落实党中央、国务院文件精神，进一步加强农本调查工作的迫切要求；又是顺应农业发展新形势，进一步完善农本调查体系的客观要求；还是适应信息化趋势，进一步提高农本调查效率的必然要求。为此，经广泛调研、反复论证，并结合近年来的工作实践，我们对《办法》进行了修订，形成了《办法》修订稿。

此次修订以提升农本调查工作的社会效益为目标，以解决工作中存在的突出问题为导向，修订的主要内容：

一是更好地发挥农本调查的社会效益，进一步明确农本调查工作的职能定位，强化农本调查成果应用，推动农本调查信息公开；二是完善农本调查体系，进一步改进核算制度、调查品种管理办法、调查样本选取方式以及调查方式；三是加强农本调查对象管理，要求建立电子档案，充分调动农本调查对象积极性，提升农本调查对象业务水平；四是夯实农本调查工作基础，要求强化农本调查机构建设，加强农本调查人员力量，加大农本调查经费保障力度；五是增强农本调查机构、人员和农本调查对象责任感，完善相关责任条款。

# 中国名牌农产品管理办法

农业部关于印发《中国名牌农产品管理办法》的通知

农市发〔2007〕28号

各省、自治区、直辖市及计划单列市农业（农林、农牧、农林渔业）、畜牧兽医、农垦、乡镇企业、渔业厅（局、委、办），新疆生产建设兵团农业局：

为贯彻落实党中央、国务院关于“整合特色农产品品牌，支持做大做强名牌产品”和“保护农产品知名品牌”的精神，我部组织制定了《中国名牌农产品管理办法》。现印发给你们，请遵照执行。

二〇〇七年九月十三日

## 第一章　总　则

**第一条**　为规范中国名牌农产品的评选认定工作，加强对中国名牌农产品的监督管理，实施农业品牌化发展战略，提高中国农产品的市场竞争力，根据《中华人民共和国农产品质量安全法》等有关法律法规的规定，制定本办法。

**第二条**　本办法所称中国名牌农产品是指经评选认定获得“中国

名牌农产品”称号，并获准使用“中国名牌农产品”标志的农产品。

**第三条** 中国名牌农产品的发展实行“企业为主、市场导向、政府推动”的机制。

**第四条** 中国名牌农产品评选认定工作坚持“自愿、无偿、客观、公开、公正、公平”的原则。

**第五条** 各级农业行政主管部门应当加强对中国名牌农产品的培育，并在政策、资金等方面予以扶持。

## 第二章 组织管理

**第六条** 农业部成立中国名牌农产品推进委员会（以下简称名推委），负责组织领导中国名牌农产品评选认定工作，并对评选认定工作进行监督管理。

名推委主任由农业部主管农产品质量工作的副部长担任，成员由农业部相关司局的司局级领导组成。

**第七条** 名推委下设办公室，办公室设在农业部市场与经济信息司，具体负责中国名牌农产品评选认定的组织协调和日常工作。

办公室主任由农业部市场与经济信息司司长担任，成员由农业部市场与经济信息司和相关司局业务处室人员组成。

**第八条** 名推委聘请有关专家组成评审委员会，负责中国名牌农产品的评审工作。

**第九条** 各省（自治区、直辖市及计划单列市）农业行政主管部门负责本行政区域内中国名牌农产品的组织申报、推荐和监督管理工作。

## 第三章 申 请

**第十条** 申请中国名牌农产品称号的申请人，应具备下列条件：

（一）具有独立的企业法人或社团法人资格，法人注册地址在中国境内；

（二）有健全和有效运行的产品质量安全控制体系、环境保护体系，建立了产品质量追溯制度；

（三）按照标准化方式组织生产；

（四）有稳定的销售渠道和完善的售后服务；

（五）近三年内无质量安全事故。

**第十一条** 申请“中国名牌农产品”称号的产品，应具备下列条件：

（一）符合国家有关法律法规和产业政策的规定；

（二）在中国境内生产，有固定的生产基地，批量生产至少三年；

（三）在中国境内注册并归申请人所有的产品注册商标；

（四）符合国家标准、行业标准或国际标准；

（五）市场销售量、知名度居国内同类产品前列，在当地农业和农村经济中占有重要地位，消费者满意程度高；

（六）质量检验合格；

（七）食用农产品应获得“无公害农产品”、“绿色食品”或者“有机食品”称号之一；

（八）是省级名牌农产品。

**第十二条** 申请人应当向所在省（自治区、直辖市及计划单列市）农业行政主管部门提出申请，并提交申报材料。

## 第四章 评选认定程序

**第十三条** 中国名牌农产品实行年度评审制度。

**第十四条** 省（自治区、直辖市及计划单列市）农业行政主管部门负责申报材料真实性、完整性的审查。符合条件的，签署推荐意见，报送名推委办公室。

**第十五条** 名推委办公室组织评审委员会对申报材料进行评审，形成推荐名单和评审意见，上报名推委。

**第十六条** 名推委召开全体会议，审查推荐名单和评审意见，形成当年度的中国名牌农产品拟认定名单，并通过新闻媒体向社会公示，广泛征求意见。

名推委全体委员会议审查公示结果，审核认定当年度的中国名牌农产品名单。

**第十七条** 对已认定的中国名牌农产品，由农业部授予“中国名牌农产品”称号，颁发《中国名牌农产品证书》，并向社会公告。

## 第五章 监督管理

**第十八条** “中国名牌农产品”称号的有效期为三年。

**第十九条** 在有效期内，《中国名牌农产品证书》持有人应当在规定的范围内使用“中国名牌农产品”标志。

**第二十条** 对获得“中国名牌农产品”称号的产品实行质量监测制度。获证申请人每年应当向名推委办公室提交由获得国家级计量认证资质的检测机构出具的产品质量检验报告。名推委对中国名牌农产品进行不定期抽检。

**第二十一条** 《中国名牌农产品证书》持有人有下列情形之一的，撤销其“中国名牌农产品”称号，注销其《中国名牌农产品证书》，并在三年内不再受理其申请：

（一）有弄虚作假行为的；

（二）转让、买卖、出租或者出借中国名牌农产品证书和标志的；

（三）扩大“中国名牌农产品”称号和标志使用范围的；

（四）产品质量抽查不合格的，消费者反映强烈，造成不良后果的；

（五）发生重大农产品质量安全事故，生产经营出现重大问题的；

（六）有严重违反法律法规行为的。

**第二十二条** 未获得或被撤销“中国名牌农产品”称号的农产品，不得使用“中国名牌农产品”称号与标志。

**第二十三条** 从事中国名牌农产品评选认定工作的相关人员，应当严格按照有关规定和程序进行评选认定工作，保守申请人的商业和技术秘密，保护申请人的知识产权。

凡因滥用职权、玩忽职守、徇私舞弊，未构成犯罪的，由其所在的工作单位给予行政处分；构成犯罪的，依法追究其刑事责任。

**第二十四条** 除本办法规定的中国名牌农产品评选认定工作机构外，未经批准，其他任何单位和个人不得进行中国名牌农产品的评选认定活动。

## 第六章 附 则

**第二十五条** 《中国名牌农产品标志管理办法》由农业部另行制定。

**第二十六条** 本办法由农业部负责解释。

**第二十七条** 本办法自发布之日起施行。

# 棉花质量监督管理条例

中华人民共和国国务院令

第 687 号

现公布《国务院关于修改部分行政法规的决定》，自公布之日起施行。

总理　李克强

2017 年 10 月 7 日

（2001 年 8 月 3 日中华人民共和国国务院令第 314 号公布；根据 2006 年 7 月 4 日《国务院关于修改〈棉花质量监督管理条例〉的决定》修订；根据 2017 年 10 月 7 日中华人民共和国国务院令第 687 号修改）

## 第一章　总　则

**第一条**　为了加强对棉花质量的监督管理，维护棉花市场秩序，保护棉花交易各方的合法权益，制定本条例。

**第二条**　棉花经营者（含棉花收购者、加工者、销售者、承储者，下同）从事棉花经营活动，棉花质量监督机构对棉花质量实施监督管理，必须遵守本条例。

**第三条** 棉花经营者应当建立、健全棉花质量内部管理制度，严格实施岗位质量规范、质量责任及相应的考核办法。

**第四条** 国务院质量监督检验检疫部门主管全国棉花质量监督工作，由其所属的中国纤维检验机构负责组织实施。

省、自治区、直辖市人民政府质量监督部门负责本行政区域内棉花质量监督工作。设有专业纤维检验机构的地方，由专业纤维检验机构在其管辖范围内对棉花质量实施监督；没有设立专业纤维检验机构的地方，由质量监督部门在其管辖范围内对棉花质量实施监督（专业纤维检验机构和地方质量监督部门并列使用时，统称棉花质量监督机构）。

**第五条** 地方各级人民政府及其工作人员不得包庇、纵容本地区的棉花质量违法行为，或者阻挠、干预棉花质量监督机构依法对棉花收购、加工、销售、承储中违反本条例规定的行为进行查处。

**第六条** 任何单位和个人对棉花质量违法行为，均有权检举。

## 第二章　棉花质量义务

**第七条** 棉花经营者收购棉花，应当建立、健全棉花收购质量检查验收制度，具备品级实物标准和棉花质量检验所必备的设备、工具。

棉花经营者收购棉花时，应当按照国家标准和技术规范，排除异性纤维和其他有害物质后确定所收购棉花的类别、等级、数量；所收购的棉花超出国家规定水分标准的，应当进行晾晒、烘干等技术处理，保证棉花质量。

棉花经营者应当分类别、分等级置放所收购的棉花。

**第八条** 棉花经营者加工棉花，必须符合下列要求：

（一）按照国家标准，对所加工棉花中的异性纤维和其他有害物质进行分拣，并予以排除；

（二）按照国家标准，对棉花分等级加工，并对加工后的棉花进行包装并标注标识，标识应当与棉花质量相符；

（三）按照国家标准，将加工后的棉花成包组批放置。

棉花经营者不得使用国家明令禁止的皮辊机、轧花机、打包机以及其他棉花加工设备加工棉花。

**第九条** 棉花经营者销售棉花，必须符合下列要求：

（一）每批棉花附有质量凭证；

（二）棉花包装、标识符合国家标准；

（三）棉花类别、等级、重量与质量凭证、标识相符；

（四）经公证检验的棉花，附有公证检验证书，其中国家储备棉还应当粘贴公证检验标志。

**第十条** 棉花经营者承储国家储备棉，应当建立、健全棉花入库、出库质量检查验收制度，保证入库、出库的国家储备棉的类别、等级、数量与公证检验证书、公证检验标志相符。

棉花经营者承储国家储备棉，应当按照国家规定维护、保养承储设施，保证国家储备棉质量免受人为因素造成的质量变异。

棉花经营者不得将未经棉花质量公证检验的棉花作为国家储备棉入库、出库。

政府机关及其工作人员，不得强令棉花经营者将未经棉花质量公证检验的棉花作为国家储备棉入库、出库。

**第十一条** 棉花经营者收购、加工、销售、承储棉花，不得伪造、变造、冒用棉花质量凭证、标识、公证检验证书、公证检验标志。

**第十二条** 严禁棉花经营者在收购、加工、销售、承储等棉花经营活动中掺杂掺假、以次充好、以假充真。

## 第三章 棉花质量监督

**第十三条** 国家实行棉花质量公证检验制度。

前款所称棉花质量公证检验，是指专业纤维检验机构按照国家标准和技术规范，对棉花的质量、数量进行检验并出具公证检验证书的活动。

**第十四条** 棉花经营者向用棉企业销售棉花，交易任何一方在棉花交易结算前，可以委托专业纤维检验机构对所交易的棉花进行公证检验；经公证检验后，由专业纤维检验机构出具棉花质量公证检验证书，作为棉花质量、数量的依据。

**第十五条** 国家储备棉的入库、出库，必须经棉花质量公证检验；经公证检验后，由专业纤维检验机构出具棉花质量公证检验证书，作为国家财政支付存储国家储备棉所需费用的依据。

经公证检验的国家储备棉，由专业纤维检验机构粘贴中国纤维检验机构统一规定的公证检验标志。

**第十六条** 专业纤维检验机构进行棉花质量公证检验，必须执行国家标准及其检验方法、技术规范和时间要求，保证客观、公正、及时。专业纤维检验机构出具的棉花质量公证检验证书应当真实、客观地反映棉花的质量、数量。

棉花质量公证检验证书的内容应当包括：产品名称、送检（委托）单位、批号、包数、检验依据、检验结果、检验单位、检验人员等内容。

棉花质量公证检验证书的格式由国务院质量监督检验检疫部门规定。

**第十七条** 专业纤维检验机构实施棉花质量公证检验不得收取费用，所需检验费用按照国家有关规定列支。

**第十八条** 国务院质量监督检验检疫部门在全国范围内对经棉花质量公证检验的棉花组织实施监督抽验，省、自治区、直辖市人民政府质量监督部门在本行政区域内对经棉花质量公证检验的棉花组织实施监督抽验。

监督抽验的内容是：棉花质量公证检验证书和公证检验标志是否与实物相符；专业纤维检验机构实施的棉花质量公证检验是否客观、公正、及时。

监督抽验所需样品从公证检验的留样中随机抽取，并应当自抽取样品之日起 10 日内作出检验结论。

**第十九条** 棉花质量监督机构对棉花质量公证检验以外的棉花，可以在棉花收购、加工、销售、承储的现场实施监督检查。

监督检查的内容是：棉花质量、数量和包装是否符合国家标准；棉花标识以及质量凭证是否与实物相符。

**第二十条** 棉花质量监督机构在实施棉花质量监督检查过程中，根据违法嫌疑证据或者举报，对涉嫌违反本条例规定的行为进行查处时，可以行使下列职权：

（一）对涉嫌从事违反本条例的经营活动的场所实施现场检查；

（二）向棉花经营单位的有关人员调查、了解与涉嫌从事违反本条例的经营活动有关的情况；

（三）查阅、复制与棉花经营有关的合同、单据、账簿以及其他资料；

（四）对涉嫌掺杂掺假、以次充好、以假充真或者其他有严重质量问题的棉花以及专门用于生产掺杂掺假、以次充好、以假充真的棉花的设备、工具予以查封或者扣押。

**第二十一条** 棉花质量监督机构根据监督检查的需要，可以对棉花质量进行检验；检验所需样品按照国家有关标准，从收购、加工、销售、储备的棉花中随机抽取，并应当自抽取检验样品之日起 3 日内作出检验结论。

依照前款规定进行的检验不得收取费用，所需检验费用按照国家有关规定列支。

**第二十二条** 棉花经营者、用棉企业对依照本条例进行的棉花质量公证检验和棉花质量监督检查中实施检验的结果有异议的，可以自收到检验结果之日起 5 日内向省、自治区、直辖市的棉花质量监督机构或者中国纤维检验机构申请复检；省、自治区、直辖市的棉花质量监督机构或者中国纤维检验机构应当自收到申请之日起 7 日内作出复检结论，并告知申请人。棉花经营者、用棉企业对复检结论仍有异议的，可以依法向人民法院提起诉讼。

**第二十三条** 经国务院质量监督检验检疫部门认可的其他纤维检验机构，可以受委托从事棉花质量检验业务。具体办法由国务院质量监督检验检疫部门会同国务院有关部门规定。

## 第四章 罚 则

**第二十四条** 棉花经营者收购棉花，违反本条例第七条第二款、第三款的规定，不按照国家标准和技术规范排除异性纤维和其他有害物质后确定所收购棉花的类别、等级、数量，或者对所收购的超出国家规定水分标准的棉花不进行技术处理，或者对所收购的棉花不分类别、等级置放的，由棉花质量监督机构责令改正，可以处 3 万元以下的罚款。

**第二十五条** 棉花经营者加工棉花，违反本条例第八条第一款的规定，不按照国家标准分拣、排除异性纤维和其他有害物质，不按照国家标准对棉花分等级加工、进行包装并标注标识，或者不按照国家标准成包组批放置的，由棉花质量监督机构责令改正，并可以根据情节轻重，处 10 万元以下的罚款。

棉花经营者加工棉花，违反本条例第八条第二款的规定，使用国家明令禁止的棉花加工设备的，由棉花质量监督机构没收并监督销毁禁止的棉花加工设备，并处非法设备实际价值 2 倍以上 10 倍以下的罚款。

**第二十六条** 棉花经营者销售棉花，违反本条例第九条的规定，销售的棉花没有质量凭证，或者其包装、标识不符合国家标准，或者质量凭证、标识与实物不符，或者经公证检验的棉花没有公证检验证书、国家储备棉没有粘贴公证检验标志的，由棉花质量监督机构责令改正，并可以根据情节轻重，处 10 万元以下的罚款。

**第二十七条** 棉花经营者承储国家储备棉，违反本条例第十条第一款、第二款、第三款的规定，未建立棉花入库、出库质量检查验收制度，或者入库、出库的国家储备棉实物与公证检验证书、标志不符，或者不按照国家规定维护、保养承储设施致使国家储备棉质量变异，或者将未经公证检验的棉花作为国家储备棉入库、出库的，由棉花质量监督机构责令改正，可以处10万元以下的罚款；造成重大损失的，对负责的主管人员和其他直接责任人员给予降级以上的纪律处分；构成犯罪的，依法追究刑事责任。

**第二十八条** 棉花经营者隐匿、转移、损毁被棉花质量监督机构查封、扣押的物品的，由棉花质量监督机构处被隐匿、转移、损毁物品货值金额2倍以上5倍以下的罚款；构成犯罪的，依法追究刑事责任。

**第二十九条** 棉花经营者违反本条例第十一条的规定，伪造、变造、冒用棉花质量凭证、标识、公证检验证书、公证检验标志的，由棉花质量监督机构处5万元以上10万元以下的罚款；情节严重的，移送工商行政管理机关吊销营业执照；构成犯罪的，依法追究刑事责任。

**第三十条** 棉花经营者违反本条例第十二条的规定，在棉花经营活动中掺杂掺假、以次充好、以假充真，构成犯罪的，依法追究刑事责任；尚不构成犯罪的，由棉花质量监督机构没收掺杂掺假、以次充好、以假充真的棉花和违法所得，处违法货值金额2倍以上5倍以下的罚款，并移送工商行政管理机关依法吊销营业执照。

**第三十一条** 专业纤维检验机构违反本条例第十六条的规定，不执行国家标准及其检验方法、技术规范或者时间要求，或者出具的棉花质量公证检验证书不真实、不客观的，由国务院质量监督检验检疫部门或者地方质量监督部门责令改正；对负责的主管人员和其他直接责任人员依法给予降级或者撤职的行政处分。

**第三十二条** 专业纤维检验机构违反本条例第十七条的规定收取公证检验费用的，由国务院质量监督检验检疫部门或者地方质量监督部门责令退回所收取的公证检验费用；对负责的主管人员和其他直接责任人员依法给予记大过或者降级的行政处分。

**第三十三条** 专业纤维检验机构未实施公证检验而编造、出具公证检验证书或者粘贴公证检验标志，弄虚作假的，由国务院质量监督检验检疫部门或者地方质量监督部门对负责的主管人员和其他直接责任人员依法给予降级或者撤职的行政处分；构成犯罪的，依法追究刑事责任。

**第三十四条** 政府机关及其工作人员违反本条例第十条第四款的规定，强令将未经公证检验的棉花作为国家储备棉入库、出库的，对负责的主管人员和其他直接责任人员依法给予降级或者撤职的行政处分。

**第三十五条** 政府机关及其工作人员包庇、纵容本地区的棉花质量违法行为，或者阻挠、干预棉花质量监督机构依法对违反本条例的行为进行查处的，依法给予降级或者撤职的行政处分；构成犯罪的，依法追究刑事责任。

**第三十六条** 本条例第二十八条、第三十条规定的棉花货值金额按照违法收购、加工、销售的棉花的牌价或者结算票据计算；没有牌价或者结算票据的，按照同类棉花市场价格计算。

**第三十七条** 依照本条例的规定实施罚款的行政处罚，应当依照有关法律、行政法规的规定，实行罚款决定与罚款收缴分离，收缴的罚款必须全部上缴国库。

## 第五章 附 则

**第三十八条** 毛、绒、茧丝、麻类纤维的质量监督管理，比照本条例执行。

**第三十九条** 本条例自公布之日起施行。

# 附　录

## 棉花加工资格认定和市场管理暂行办法

国家发展和改革委员会、国家工商行政管理总局、
国家质量监督检验检疫总局令
第49号

为加强棉花市场监督管理，经国务院批准，国家发展改革委、国家工商总局、国家质检总局对《棉花收购加工与市场管理暂行办法》进行了修订，并更名为《棉花加工资格认定和市场管理暂行办法》，现予以发布，自发布之日起施行。

国家发展和改革委员会主任
国家工商行政管理总局局长
国家质量监督检验检疫总局局长
二〇〇六年十月十日

### 第一章　总　则

**第一条**　为加强棉花收购、加工与市场的监督管理，进一步强化国家对棉花市场的宏观调控，保护国家棉花资源，维护棉花正常流通秩序，根据《中华人民共和国行政许可法》（以下简称《行政许可法》）、《产品质量法》、《棉花质量监督管理条例》、《无照经营查处取缔办法》等法律法规，制定本办法。

**第二条**　在中华人民共和国境内，从事棉花收购、加工、销售等

经营活动，进行棉花加工资格认定和对棉花经营行为的监督管理，必须遵守本办法。

**第三条** 本办法所称棉花是指籽棉和皮棉，不包括废棉、落棉、回收棉及棉短绒。

本办法所称棉花加工资格认定制度是指从事棉花加工经营活动的企业，除应具备一般经营条件外，还须具备本办法规定的相应条件，经资格认定机关审查认定后授予其棉花加工资格的行政许可制度。

本办法所称资格认定机关是指参与棉花加工资格认定工作的省级各有关部门和机构的统称。主要包括发展改革部门、工商行政管理部门、棉花质量监督机构。

本办法所称棉花质量监督机构是指《棉花质量监督管理条例》规定的棉花质量监督机构。

**第四条** 国务院有关部门在各自职责范围内负责组织和实施本办法的有关工作。国家发展改革部门牵头负责全国棉花加工资格认定工作的总体指导和组织协调。各省、自治区、直辖市人民政府有关部门和机构根据本办法负责当地棉花加工企业资格认定工作，并负责本地区棉花市场管理和质量监督工作。

棉花协会向政府有关部门提供棉花加工企业规划布局、棉花加工资格认定和市场管理的政策建议；协助政府有关部门做好棉花加工企业的资格认定工作。

**第五条** 国家对棉花加工实行资格认定制度。

凡从事棉花加工的企业必须按照本办法的规定进行资格认定申报。省、自治区、直辖市的资格认定机关对予以受理的申报进行棉花加工资格条件的审查和认定，对符合本办法规定条件的，授予新的《棉花加工资格认定证书》（以下简称《资格证书》），并向社会公布认定企业名单。

本办法颁布之前已经获得棉花加工资格认定的企业，在过渡期内按原资格认定条件复查合格的，可继续从事棉花加工经营活动。在过渡期结束后，由国家统一公布取消原棉花收购加工资格认定证书。

按照《行政许可法》规定，资格认定不收费，所需费用按照《行政许可法》的规定解决。

## 第二章 棉花加工资格认定条件

**第六条** 取得棉花加工资格认定必须同时具备以下条件：

（一）本办法实施前已经获得棉花加工资格证书且依然有效的法人或其他经济组织。

（二）符合所在地棉花加工企业合理规划布局的要求，已经纳入全国棉花加工业生产设备（压力吨位400吨及以上的打包机及其辅助设施等，下同）更新改造规划。

（三）有当地棉花质量监督机构依法出具的符合下列条件的质量保证能力资格认定证明：

1、具备保证棉花质量所必须的棉花加工场所；

2、具备必要的符合国家规定的进厂籽棉质量检验环境条件和相应的仪器设备；

3、配备符合国家规定的压力吨位400吨及以上的打包机、自动取样、称重装置、条码信息系统等设备，并具备符合国家标准规定的轧花工艺和设备；

4、配备经国家人事、劳动部门会同有关部门考核合格的专职棉花品质检验及加工技术人员（包括获得棉花质量检验师执业资格证书人员，棉花检验、加工技术职业资格证书人员）；

5、配备符合要求的棉花标准（包括实物标准和文字标准）；

6、具有其他必要的质量保证条件。

（四）有当地公安消防机构出具的消防条件符合要求的证明。

（五）国家规定的其他条件。

个别省区由于棉花种植区域发生较大变化，需要新建棉花加工企业的，有关情况报国家发展改革部门同意后，由省级资格认定机关按规定程序进行审批。经批准的新建棉花加工企业，应当持资格认定机关的核准文件和《资格证书》，到工商行政管理部门办理登记，领取营业执照。

**第七条** 有下列情形之一的，资格认定机关不受理申请者提出的棉花加工资格认定申请：

（一）因质量违法或其他违法经营被责令改正或行政处罚，企业已改正且履行处罚义务之日起至提出申请之日尚未满半年的；

（二）违反国家法律、法规、规章有关棉花质量监督管理的规定，有掺杂掺假、以假充真、以次充好或其他严重质量违法行为的，自行政处罚之日起至提出申请之日尚未满一年半的；

（三）出现过隐瞒有关情况或提供虚假材料申请棉花加工资格认定行为，至提出申请之日尚未满三年的；

（四）因违法被撤销原棉花加工资格，至提出申请之日尚未满三年的。

（五）因棉花违法经营受到行政处罚但不按法定要求履行处罚义务的；

（六）国家规定的其他情形。

## 第三章 棉花加工资格审核认定程序

**第八条** 省级发展改革部门按照《行政许可法》的要求将棉花加工资格认定的事项、依据、条件、数量、程序、期限以及需要提交的全部材料的目录和申请书示范文本等在办公场所（包括政府网站）公示。各资格认定机关应当在省级发展改革部门的统一组织下进行公示。

**第九条** 申请者必须在取得省级发展改革部门棉花加工业生产设备更新改造规划登记核准后方可进行设备更新改造，并在规定的期限内完成改造和通过验收。

**第十条** 省级发展改革部门在每年5月的前10个工作日内接受棉花加工资格认定申请。接受期限发生调整的，由省级发展改革部门提前向社会公布，同时报国家发展改革部门备案。申请者申请时须提供以下材料（每项一式三份）：

（一）棉花加工资格认定申请；

（二）原有的棉花加工资格认定证书（复印件）；

（三）证明符合合理规划布局条件的材料；

（四）证明具备质量保证能力须提供的材料；

（五）证明具备消防条件的材料（当地公安消防机构出具）；

（六）营业执照复印件；

（七）根据规定需要申请者提供的其他材料。

申请者应当保证所提交的申请材料全部真实有效。

**第十一条** 省级发展改革部门在接收到申请者申请材料之日起 5 个工作日内，作出受理或者不予受理的决定。不予受理的，书面通知申请者并注明理由。

**第十二条** 对决定受理申请的，省级发展改革部门组织安排资格认定机关对申请者相关条件进行审查，并征求当地棉花协会的意见，在决定受理之日起 45 个工作日内作出审查决定。

**第十三条** 对作出授予棉花加工资格决定的，省级发展改革部门自作出决定之日起 10 个工作日内向申请者颁发《资格证书》。对审查后不予准许的，书面通知申请者并注明理由。

省级发展改革部门定期向社会公布获得《资格证书》企业的名单，并报国家发展改革部门备案。

**第十四条** 各资格认定机关在棉花加工资格审核认定中所使用的文书格式和《资格证书》格式由国家发展改革部门统一规定。

## 第四章 棉花加工管理

**第十五条** 禁止企业未经过资格认定而从事棉花加工经营活动。

**第十六条** 获得棉花加工资格认定的企业应当履行以下义务：

（一）保证各项质量保证能力条件得到正常运行和实施；

（二）按照国家标准和技术规范的要求收购（进厂）、加工棉花；

（三）不得购买、使用国家明令禁止的设备加工棉花；

（四）必须按照国家规定挑拣、排除异性纤维；

（五）成包棉花必须参加仪器化公证检验；

（六）不得通过挂靠、联营等手段为没有通过相应棉花加工资格认定的企业从事棉花加工活动提供便利、从中牟利，即不得“一证多厂”；

（七）不得向负责监督检查的行政机关或法律法规授权的组织隐瞒有关情况、提供虚假材料或者拒绝提供反映其活动的真实材料；

（八）不得拒绝、阻碍依法开展的监督检查；

（九）应定期向所在地县级发展改革部门上报本企业棉花收购、加工、销售和库存等有关情况；

（十）国家规定的其他要求。

**第十七条** 《资格证书》有效期为5年，自签发之日起计算。

棉花加工企业需要延续所获《资格证书》有效期的，应当在《资格证书》有效期届满60日前向原颁发《资格证书》的省级发展改革部门（以下简称原发证机关）提出申请，并提供规定的材料。原发证机关根据申请，在有效期届满前应当作出是否予以延续的决定。

获得《资格证书》的棉花加工企业逾期未提出延续申请的，由原发证机关办理注销手续，并予以公告。

**第十八条** 《资格证书》如灭失，棉花加工企业应在3日内书面告知原发证机关，原发证机关接到通知后应确定该《资格证书》已无效，并向社会公布。

需要补办《资格证书》的棉花加工企业应当向原发证机关提出申请，经原发证机关批准予以补办。

棉花加工企业的《资格证书》灭失，无正当理由，既未按时通知原发证机关，又未申请补办《资格证书》的，棉花加工企业应承担由此引起的法律后果。

**第十九条** 棉花加工企业不得有下列行为：

（一）以欺骗等非法手段获取《资格证书》；

（二）将获得的《资格证书》倒卖、出租、出借或其他形式非法转让；

（三）使用无效、失效的《资格证书》；

（四）伪造、变造、冒用《资格证书》。

**第二十条** 棉花加工企业的《资格证书》记载的企业名称、法定代表人、加工场所等事项发生变更的，应向原发证机关申请变更登记，获得批准后方可继续从事棉花加工。原《资格证书》应在获得新《资格证书》之日起5日内交还原发证机关，并由其予以注销。

**第二十一条** 获得《资格证书》的棉花加工企业有以下任何情形之一的，认定为丧失棉花加工资格，由原发证机关撤销所发《资格证书》，并向社会公布，同时向国家发展改革部门备案：

（一）质量保证能力、消防条件、主体条件等有一项已经不具备规定的资格认定条件，且经整改无效的；

（二）出现本办法第十九条规定的任何一种情况的；

（三）《资格证书》灭失后，无正当理由，既未按时通知原发证机关，又未申请补办《资格证书》的；

（四）发生本办法第二十条的情况，未按规定进行变更的；

（五）违反国家法律、法规、规章有关棉花质量监督和市场管理的规定，有严重质量违法行为、或棉花质量违法屡查屡犯、或因质量违法被责令改正而未予改正、或有其他违法经营行为的；

（六）拒绝、阻碍依法开展的监督检查，且拒不改正、或屡查屡犯、或情节严重（如出现暴力抗拒检查的情形）的；

（七）向负责监督检查的行政机关或法律法规授权的组织隐瞒有关情况、提供虚假材料或者拒绝提供反映其活动的真实材料的；

（八）获得《资格证书》后连续两年未开展相应的棉花加工经营活动的；

（九）违反本办法其他有关规定，经资格认定机关依法决定应当取消棉花加工资格的；

（十）国家规定的应当撤销证书的其他情形。

**第二十二条** 有下列情形之一的，省级发展改革部门应当办理有关《资格证书》的注销手续，并向社会公布，同时向国家发展改革部门备案：

（一）《资格证书》有效期届满未延续的；

（二）获得《资格证书》的棉花加工企业依法终止；

（三）《资格证书》依照本办法第二十一条被撤销；

（四）法律、法规规定的应当注销的其他情形。

**第二十三条** 资格认定部门在营业执照有效期内依法吊销或撤销《资格证书》，应当在吊销或撤销《资格证书》5个工作日内通知工商行政管理部门。相关企业应当依法到工商行政管理部门办理变更登记或者注销登记。

**第二十四条** 政府有关职能部门通过每年定期复查和日常监督检查，对获得《资格证书》的棉花加工企业进行监督检查。

在定期复查和日常监督检查中，实施监督检查的行政执法机构应当将监督检查的情况和处理结果予以记录，由监督检查人员签字后归档。

**第二十五条** 国家发展改革部门定期组织相关部门对本办法规定的棉花加工资格认定的条件、程序、效果等进行评估，依法需要调整时应当及时调整。

## 第五章 棉花市场管理

**第二十六条** 棉花收购者不得有以下行为：

（一）不明码标价收购棉花；

（二）不按照国家标准和技术规范收购棉花；

（三）提供虚假信息或误导性宣传；

（四）与交售者有收购合同或协议而拒收或限收棉花；

（五）其他违反国家质量法律、法规、规章规定的。

**第二十七条** 棉花销售企业不得有以下行为：

（一）购买、销售非法加工的棉花；

（二）销售的棉花没有有效的质量凭证；

（三）棉花等级、类别、重量与质量凭证、标识不相符；

（四）棉花包装、标识不符合国家标准的规定；

（五）签订棉花销售合同后不按合同规定履约；

（六）其他违反国家质量法律、法规、规章规定的。

**第二十八条** 严格实施主要棉花加工机械生产许可证制度。未获主要棉花加工机械生产许可证的企业，不得从事相应的棉花加工机械生产经营活动；棉花加工机械生产企业不得生产、销售不符合国家规定的棉花加工设备。

**第二十九条** 从事皮棉经营业务，可直接向所在地工商行政管理部门提出申请，由工商行政管理部门依据法律法规规定核准登记。

**第三十条** 棉花交易市场应按照国家有关法律、法规、规章的规定，建立健全棉花交易规则，有效保护客户的合法权益。棉花交易市场必须具备以下基本条件：

（一）有固定的交易场所；

（二）法人治理结构完善；

（三）建立公开、公平、公正、规范的交易规则；

（四）对市场参与者要有明确的行为规范；

（五）市场开办单位不得参与市场交易；

（六）市场交易的棉花必须附有符合国家规定的质量凭证和包装标识；

（七）市场开办单位和市场交易者要接受工商行政管理部门、棉花质量监督机构、税务部门等的监管，照章纳税、诚信经营；

（八）国家规定的其他条件。

**第三十一条** 禁止伪造、变造、冒用棉花质量凭证、公证检验证书、公证检验标志、其他检验标志、标识。

**第三十二条** 禁止在棉花收购、加工和销售活动中掺杂、掺假，以假充真，以次充好。

**第三十三条** 禁止无照或超范围经营棉花。

**第三十四条** 棉花质量监督机构和其他国家机关以及棉花质量检验机构不得以监制、监销等方式参与棉花经营活动。

**第三十五条** 专业纤维检验机构和依法批准成立的其他纤维检验机构，要严格按照国家有关质量法规、标准及《棉花质量监督管理条例》的规定，规范质量检验行为，公正严格检验棉花质量，对出具的检验证书依法承担相应的责任。

**第三十六条** 任何地方政府及部门不得采取划片、设卡、发放准运证等方式限制或变相限制企业销售棉花的区域和干预企业正常收购、加工、销售、运输活动。

**第三十七条** 工商行政管理部门、棉花质量监督机构应当依法在各自的职责范围内，对棉花收购、销售等经营活动实施监督检查，监督检查中可依据有关法律、法规、规章的规定行使现场检查、调查、查阅、查封、扣押等职权。

## 第六章 罚 则

**第三十八条** 违反本办法第十六条第（一）项、第（五）项规定的，由棉花质量监督机构责令改正；拒不改正或者屡查屡犯的，处以1万元以上3万元以下的罚款。

违反本办法第十六条第（二）项、第（四）项规定的，由棉花质量监督机构依据《棉花质量监督管理条例》有关规定予以处罚。

违反本办法第十六条第（三）项、第（七）项、第（八）项规定的，由实施监督检查的行政执法机构责令改正，可根据情节轻重处以1万元以上3万元以下的罚款；构成违反治安管理行为的，还应移送公安部门依法予以处罚。

**第三十九条** 违反本办法第十九条第（一）项至第（四）项规定的，由实施监督检查的行政执法机构责令改正，并处以1万元以上3万元以下的罚款。

**第四十条** 违反本办法第十五条、第十六条第（六）项、第二十九条、第三十三条规定的，由工商行政管理部门依法进行处罚。

**第四十一条** 违反本办法第二十六条第（一）项规定的，由价格主管部门依据《价格法》第四十二条的规定予以处罚。

违反本办法第二十六条第（二）项规定的，由棉花质量监督机构依据《棉花质量监督管理条例》第二十四条的规定予以处罚。

**第四十二条** 违反本办法第二十六条第（三）项、第（四）项、第二十七条第（五）项规定的，由工商行政管理部门按照有关法律法规的规定进行处理。

违反本办法第二十七条第（一）项规定的，由工商行政管理部门责令改正；拒不改正或者屡查屡犯的，处以1万元以上3万元以下的罚款。

违反本办法第二十七条第（二）项至第（四）项规定的，由棉花质量监督机构依据《棉花质量监督管理条例》第二十六条的规定予以处罚。

**第四十三条** 违反本办法第二十八条规定，未获生产许可证从事棉花加工机械生产经营的，由质量监督部门没收其产品，并处以罚款；生产、销售不符合国家规定的棉花加工机械的，依据《产品质量法》、《工业产品生产许可证管理条例》有关规定予以处罚。

**第四十四条** 违反本办法第三十条第（一）项至第（七）项规定的，由实施监督检查的行政执法机构依据有关法律、法规、规章予以处罚。无处罚规定的，责令市场开办单位限期改正，并处3万元以下罚款。

**第四十五条** 违反本办法第三十一条、第三十二条规定的，由实施监督检查的行政执法机构依据有关法律、法规、规章予以处罚。

**第四十六条** 本办法规定的吊销营业执照的行政处罚由工商行政管理部门决定。

对同一违法事实，实施监督检查的行政执法机构不得给予两次处罚。

**第四十七条** 隐匿、转移、变卖、损毁被行政执法机构查封、扣押物品的，由行政执法机构按照有关法律、法规、规章予以处罚。

**第四十八条** 货值金额按现场牌价或结算票据计算，没有现场牌价或结算票据的，按同类产品市场价格计算。

**第四十九条** 棉花质量监督机构或者其他国家机关违反本办法规定，以监制监销等方式参与棉花经营活动的，由其上级机关或者监察机关责令改正，有违法收入的予以没收；情节严重的，对直接负责的主管人员和其他直接责任人员依法给予行政处分。

**第五十条** 专业纤维检验机构伪造公证检验证书，弄虚作假的，按照《棉花质量监督管理条例》有关规定予以处罚。其他纤维检验机构伪造检验结果或者出具虚假证明的，按照《产品质量法》有关规定予以处罚。

**第五十一条** 违反本办法第三十五条规定的，由上级机关责令改正；情节严重的，由同级或上级机关对直接责任人员给予行政处分。

**第五十二条** 本办法规定的资格认定机关，在实施棉花加工资格认定活动中，违反本办法规定的，依据《行政许可法》追究相关单位和人员的法律责任。

**第五十三条** 地方政府及其所属部门有违反本办法规定行为的，由上一级人民政府责令改正，对负责的主管人员和其他直接责任人依法给予降级或者撤职的行政处分。

## 第七章 行政处罚程序

**第五十四条** 实施行政处罚的行政机关，必须严格执行《行政处罚法》所规定的行政处罚程序和国务院有关罚款收缴分离的规定。当事人认为行政处罚违反《行政处罚法》规定的，可依法提起行政复议或行政诉讼，并有权予以检举。

**第五十五条** 违反本办法规定，涉嫌构成犯罪的，由行政执法机构依法移送公安部门。

## 第八章 附 则

**第五十六条** 各省（区、市）资格认定机关可根据本办法相关规定结合本地的实际情况制定具体的实施细则。

**第五十七条** 本办法由国家发展改革委、国家工商总局、国家质检总局按职能分工负责解释。

**第五十八条** 本办法自发布之日起施行。

# 国务院办公厅关于进一步促进农产品加工业发展的意见

国办发〔2016〕93号

各省、自治区、直辖市人民政府，国务院各部委、各直属机构：

近年来，我国农产品加工业有了长足发展，已成为农业现代化的支撑力量和国民经济的重要产业，对促进农业提质增效、农民就业增收和农村一二三产业融合发展，对提高人民群众生活质量和健康水平、保持经济平稳较快增长发挥了十分重要的作用。为进一步促进农产品加工业发展，深入推进农业供给侧结构性改革，不断满足城乡居民消费升级需求，经国务院同意，现提出以下意见：

一、总体要求

（一）指导思想

全面贯彻党的十八大和十八届三中、四中、五中、六中全会精神，深入学习贯彻习近平总书记系列重要讲话精神，紧紧围绕统筹推进“五位一体”总体布局和协调推进“四个全面”战略布局，牢固树立创新、协调、绿色、开放、共享的发展理念，认真落实党中央、国务院决策部署，在确保国家粮食安全和农产品质量安全的基础上，以转变发展方式、调整优化结构为主线，以市场需求为导向，以增加农民收入、提高农业综合效益和竞争力为核心，因地制宜、科学规划，发挥优势、突出特色，推动农产品加工业从数量增长向质量提升、要素驱动向创新驱动、分散布局向集群发展转变，完善农产品加工产业和政策扶持体系，促进农产品加工业持续稳定健康发展。

（二）基本原则

以农为本、转化增值。立足资源优势和特色，以农产品加工业为引领，着力构建全产业链和全价值链，进一步丰富品种、提升质量、创建品牌，提高农产品附加值。

市场主导、政府支持。尊重企业主体地位，充分发挥市场在资源配置中的决定性作用。针对农产品加工业的薄弱环节、瓶颈制约和重点领域，强化政府服务，加大扶持力度。

科技支撑、综合利用。依靠科学技术，建设全程质量控制、清洁生产和可追溯体系，生产开发安全优质、绿色生态的各类食品及加工品，促进资源循环高效利用。

集聚发展、融合互动。充分发挥新型城镇化辐射带动作用，引导加工产能向农产品主产区、优势区和物流节点集聚，促进加工企业向园区集中，打造专用原料、加工转化、现代物流、便捷营销融合发展的产业集群。

(三）主要目标

到2020年，农产品加工转化率达到68%，规模以上农产品加工业主营业务收入年均增长6%以上，农产品加工业与农业总产值比达到2.4：1；结构布局进一步优化，关键环节核心技术和装备取得较大突破，行业整体素质显著提升，支撑农业现代化和带动农民增收作用更加突出，满足城乡居民消费需求的能力进一步增强。

到2025年，农产品加工转化率达到75%，农产品加工业与农业总产值比进一步提高；自主创新能力显著增强，转型升级取得突破性进展，形成一批具有较强国际竞争力的知名品牌、跨国公司和产业集群，基本接近发达国家农产品加工业发展水平。

二、优化结构布局

(四）推进向优势产区集中布局

根据全国农业现代化规划和优势特色农产品产业带、粮食生产功能区、重要农产品生产保护区分布，合理布局原料基地和农产品加工业，形成生产与加工、科研与产业、企业与农户相衔接配套的上下游产业格局，促进农产品加工转化、增值增效。支持大宗农产品主产区重点发展粮棉油糖加工特别是玉米加工，着力建设优质专用原料基地和便捷智能的仓储物流体系。支持特色农产品优势区重点发展“菜篮子”产品等加工，着力推动销售物流平台、产业集聚带和综合利用园区建设。支持大中城市郊区重点发展主食、方便食品、休闲食品和净菜加工，形成产业园区和集聚带。支持贫困地区结合精准扶贫、精准脱贫，大力开展产业扶贫，引进有品牌、有实力、有市场的农业产业化龙头企业，重点发展绿色农产品加工，以县为单元建设加工基地，以村（乡）为单元建设原料基地。（农业部、国家发展改革委、财政部、商务部、国家林业局、国家粮食局、国务院扶贫办等负责）

（五）加快农产品初加工发展

以粮食、油料、薯类、果品、蔬菜、茶叶、菌类和中药材等为重点，支持农户和农民合作社改善储藏、保鲜、烘干、清选分级、包装等设施装备条件，促进商品化处理，减少产后损失。通过实施相关项目和推广适用技术，推动农产品初加工水平整体提升。（农业部、国家发展改革委、财政部、国家林业局、国家粮食局等负责）

（六）提升农产品精深加工水平

加大生物、工程、环保、信息等技术集成应用力度，加快新型非热加工、新型杀菌、高效分离、节能干燥、清洁生产等技术升级，开展精深加工技术和信息化、智能化、工程化装备研发，提高关键装备国产化水平。适应市场和消费升级需求，积极开发营养健康的功能性食品。（工业和信息化部、科技部、农业部等负责）

（七）鼓励主食加工业发展

拓宽主食供应渠道，加快培育示范企业，积极打造质量过硬、标准化程度高的主食品牌。研制生产一批传统米面、杂粮、预制菜肴等产品，加快推进马铃薯等薯类产品主食化。引导城乡居民扩大玉米及其加工品食用消费。（农业部、工业和信息化部、商务部、工商总局、国家粮食局等负责）

（八）加强综合利用

选择一批重点地区、品种和环节，主攻农产品及其加工副产物循环利用、全值利用、梯次利用。采取先进的提取、分离与制备技术，集中建立副产物收集、运输和处理渠道，加快推进秸秆、稻壳米糠、麦麸、油料饼粕、果蔬皮渣、畜禽皮毛骨血、水产品皮骨内脏等副产物综合利用，开发新能源、新材料、新产品等，不断挖掘农产品加工潜力、提升增值空间。（农业部、科技部、工业和信息化部、国家林业局等负责）

三、推进多种业态发展

（九）支持农民合作社等发展加工流通

扶持农民合作社、种养大户、家庭农场建设烘储、直供直销等设施，发展“农户+合作社+企业”模式，引导农民以土地经营权、林权和设施装备等入股农民合作社和企业。推进“粮食银行”健康发展，探索粮食产后统一烘干、贮藏、加工和销售的经营方式。（农业部、国家发展改革委、财政部、国家林业局、国家粮食局等负责）

（十）鼓励企业打造全产业链

引导农产品加工企业向前端延伸带动农户建设原料基地，向后端延伸建设物流营销和服务网络。鼓励农产品加工企业与上下游各类市场主体组建产业联盟，与农民建立稳定的订单和契约关系，以“保底收益、按股分红”为主要形式，构建让农民分享加工流通增值收益的利益联结机制。（农业部、工业和信息化部、商务部、国家林业局等负责）

（十一）创新模式和业态

将农产品加工业纳入“互联网+”现代农业行动，利用大数据、物联网、云计算、移动互联网等新一代信息技术，培育发展网络化、智能化、精细化现代加工新模式。引导农产品加工业与休闲、旅游、文化、教育、科普、养生养老等产业深度融合。积极发展电子商务、农商直供、加工体验、中央厨房等新业态。（工业和信息化部、农业部、科技部、商务部、文化部、国家旅游局、国家林业局等负责）

（十二）推进加工园区建设

加强农产品加工园区基础设施和公共服务平台建设，完善功能、突出特色、优化分工，吸引农产品加工企业向园区集聚。以园区为主要依托，创建集标准化原料基地、集约化加工、便利化服务网络于一体的产业集群和融合发展先导区，加快建设农产品加工特色小镇，实现产城融合发展。（农业部、国家发展改革委、质检总局等负责）

四、加快产业转型升级

（十三）提升科技创新能力

围绕农产品加工重点领域开展基础研究、前沿研究和共性关键技术研发，组织实施一批科技项目。重点支持果品、蔬菜、茶叶、菌类和中药材等营养功能成分提取技术研究，开发营养均衡、养生保健、食药同源的加工食品。强化协同创新机制，依托企业建设研发基地和平台。完善国家农产品加工技术研发体系，建设一批农产品加工技术集成基地。（农业部、科技部、工业和信息化部、食品药品监管总局、国家林业局等负责）

（十四）加速科技成果转化推广

筛选一批成熟适用加工技术、工艺和关键装备，搭建科企技术对接平台，鼓励建设科技成果转化交易中心，支持科技人员以科技成果入股加工企业，实行股权分红等激励措施。（农业部、科技部、国家知识产权局等负责）

（十五）提高企业管理水平

强化环保、能耗、质量、安全、卫生等标准作用，鼓励企业开展质量管理、食品安全控制、追溯等体系认证，支持企业与农户开展无公害农产品、绿色食品、有机农产品认证以及危害分析与关键控制点、良好农业规范认证，加强事中事后监管。打造一批安全优质的农产品加工品牌，开展“老字号”品牌推介。继续推动出口食品农产品质量安全示范区建设。加强农产品商标和地理标志商标注册与保护，严厉打击侵犯知识产权和制售假冒伪劣商品等行为。（农业部、工业和信息化部、环境保护部、商务部、国家卫生计生委、工商总局、质检总局、食品药品监管总局、国家林业局、国家知识产权局等负责）

（十六）加强人才队伍培养

培育一批经营管理队伍、科技领军人才、创新团队、生产能手和技能人才。支持大中专院校开设农产品加工、食品科学相关专业。开展职业技能和创业培训，建设一批农产品加工创业创新孵化园，支持返乡下乡人员创办领办加工企业。（农业部、人力资源社会保障部、教育部、科技部等负责）

五、完善政策措施

（十七）加强财政支持

支持符合条件的农产品加工企业申请有关支农资金和项目。新型农业经营主体购置仓储烘干设备，可按规定享受农机购置补贴政策。完善农产品产地初加工补助政策，有条件的地方要扩大补助资金规模。各地要积极支持农产品加工原料基地、公共设施、物流配送体系建设和技术改造。（财政部、国家发展改革委、农业部、国家林业局、国家粮食局等负责）

（十八）完善税收政策

各地可选择部分行业，扩大农产品增值税进项税额核定扣除试点行业范围，积极推进试点工作。农产品加工企业可以凭收购发票按规定抵扣增值税。落实农产品初加工企业所得税优惠政策。在实施与农产品加工有关的国家鼓励类项目中，进口国内不能生产的所需先进设备，所缴纳进口环节增值税可按规定予以抵扣。（财政部、税务总局、农业部、国家林业局等负责）

（十九）强化金融服务

鼓励银行业金融机构加大信贷支持力度，为农产品生产、收购、加工、流通和仓储等各环节提供多元化金融服务。政策性金融机构要在业务范围内适当扩大农产品加工担保业务规模，完善银担合作和风险分担机制，为农产品加工企业融资增信。将农民合作社兴办加工流通企业列入农业担保体系支持范围。积极开展厂房抵押和存单、订单、应收账款质押等融资业务，创新“信贷+保险”、产业链金融等多种服务模式。支持符合条件的农产品加工企业上市融资、发行债券。积极推广小额信贷保证保险等新型险种，鼓励农业担保与农业产业链加速融合，探索开展农产品质量安全保险。（人民银行、银监会、证监会、保监会、财政部、农业部、国家林业局等负责）

（二十）改善投资贸易条件

支持社会资本依照相关规划和规定从事农产品加工、流通。鼓励引导符合条件的农产品加工企业开展对外合作，加大对其出口信用保险的支持，强化在融资和通关等方面的便利化服务。支持企业申请国际认证、专利、商标、品牌、标准等，鼓励使用人民币计价结算和收付资金。（商务部、国家发展改革委、财政部、海关总署、保监会、国家外汇局、农业部、质检总局、国家林业局等负责）

（二十一）落实用地用电政策

将农产品加工用地列入土地利用总体规划和年度计划，认真落实农产品初加工用地政策，优先安排园区用地。支持农村集体经济组织以集体建设用地使用权入股、联营等形式与其他单位、个人共同兴办农产品加工企业。城乡建设用地增减挂钩节余的用地指标要重点支持农产品产地初加工发展。落实农产品初加工用电执行农业生产用电价格的政策，切实保障农产品加工用电。（国土资源部、国家发展改革委、农业部、国家林业局、国家能源局等负责）

六、加强组织保障

（二十二）完善工作机制

各地要把农产品加工业摆在重要位置，纳入本地区经济社会发展规划和目标考核内容。农业生产大县（市、区）要健全农产品加工的管理体制机制，将农产品资源优势转化为产业优势。农业部要发挥牵头作用，履行规划、指导、管理、服务等职能，督促各项政策措施落实。有关部门要各司其职，密切配合，形成合力。（农业部等负责）

（二十三）强化公共服务

推进农产品加工投资贸易、展示展销平台建设，加强政策咨询、融资信息、人才对接等公共服务。加快制修订一批农产品加工标准和追溯标准。完善农产品加工业统计制度和调查方法，开展行业运行监测分析。通过政府购买服务等方式为企业提供公共服务。（农业部、国家发展改革委、商务部、质检总局、国家统计局、国家林业局等负责）

（二十四）加强舆论引导

积极发挥行业协会和其他社会组织在行业自律、教育培训和品牌营销等方面的作用，督促企业切实履行质量、安全和吸纳就业等责任。加强食品农产品质量安全法律法规、公众营养膳食科普知识宣传，树立先进典型，努力营造促进农产品加工业持续稳定健康发展的良好氛围。（农业部等负责）

国务院办公厅

2016年12月17日

全国普法学习读本

★ ★ ★ ★ ★

# 农业资料法律法规学习读本

# 农资市场法律法规

李 勇 主编

汕頭大學出版社

**图书在版编目（CIP）数据**

农资市场法律法规 / 李勇主编 . -- 汕头 : 汕头大学出版社（2021 . 7 重印）
（农业资料法律法规学习读本）
ISBN 978-7-5658-3198-0

Ⅰ. ①农… Ⅱ. ①李… Ⅲ. ①农业生产资料-农业法-中国-学习参考资料 Ⅳ. ①D922. 44

中国版本图书馆 CIP 数据核字（2017）第 255090 号

农资市场法律法规　　NONGZI SHICHANG FALÜ FAGUI

主　　编：李　勇
责任编辑：邹　峰
责任技编：黄东生
封面设计：大华文苑
出版发行：汕头大学出版社
广东省汕头市大学路 243 号汕头大学校园内　邮政编码：515063
电　　话：0754-82904613
印　　刷：三河市南阳印刷有限公司
开　　本：690mm×960mm 1/16
印　　张：18
字　　数：226 千字
版　　次：2017 年 10 月第 1 版
印　　次：2021 年 7 月第 2 次印刷
定　　价：59. 60 元（全 2 册）
ISBN 978-7-5658-3198-0

# 前 言

习近平总书记指出："推进全民守法，必须着力增强全民法治观念。要坚持把全民普法和守法作为依法治国的长期基础性工作，采取有力措施加强法制宣传教育。要坚持法治教育从娃娃抓起，把法治教育纳入国民教育体系和精神文明创建内容，由易到难、循序渐进不断增强青少年的规则意识。要健全公民和组织守法信用记录，完善守法诚信褒奖机制和违法失信行为惩戒机制，形成守法光荣、违法可耻的社会氛围，使遵法守法成为全体人民共同追求和自觉行动。"

中共中央、国务院曾经转发了中央宣传部、司法部关于在公民中开展法治宣传教育的规划，并发出通知，要求各地区各部门结合实际认真贯彻执行。通知指出，全民普法和守法是依法治国的长期基础性工作。深入开展法治宣传教育，是全面建成小康社会和新农村的重要保障。

普法规划指出：各地区各部门要根据实际需要，从不同群体的特点出发，因地制宜开展有特色的法治宣传教育坚持集中法治宣传教育与经常性法治宣传教育相结合，深化法律进机关、进乡村、进社区、进学校、进企业、进单位的"法律六进"主题活动，完善工作标准，建立长效机制。

特别是农业、农村和农民问题，始终是关系党和人民事业发展的全局性和根本性问题。党中央、国务院发布的《关于推进社会主义新农村建设的若干意见》中明确提出要"加强农村法制建设，深入开展农村普法教育，增强农民的法制观念，提高农民依法行使权利和履行义务的自觉性。"多年普法实践证明，普及法律知识，提高法制观念，增强全社会依法办事意识具有重要作用。特别是在广大农村进行普法教育，是提高全民法律素质的需要。

多年来，我国在农村实行的改革开放取得了极大成功，农村发生了翻天覆地的变化，广大农民生活水平大大得到了提高。但是，由于历史和社会等原因，现阶段我国一些地区农民文化素质还不高，不学法、不懂法、不守法现象虽然较原来有所改变，但仍有相当一部分群众的法制观念仍很淡化，不懂、不愿借助法律来保护自身权益，这就极易受到不法的侵害，或极易进行违法犯罪活动，严重阻碍了全面建成小康社会和新农村步伐。

为此，根据党和政府的指示精神以及普法规划，特别是根据广大农村农民的现状，在有关部门和专家的指导下，特别编辑了这套《全国普法学习读本》。主要包括了广大人民群众应知应懂、实际实用的法律法规。为了辅导学习，附录还收入了相应法律法规的条例准则、实施细则、解读解答、案例分析等；同时为了突出法律法规的实际实用特点，兼顾地方性和特殊性，附录还收入了部分某些地方性法律法规以及非法律法规的政策文件、管理制度、应用表格等内容，拓展了本书的知识范围，使法律法规更“接地气”，便于读者学习掌握和实际应用。

在众多法律法规中，我们通过甄别，淘汰了废止的，精选了最新的、权威的和全面的。但有部分法律法规有些条款不适应当下情况了，却没有颁布新的，我们又不能擅自改动，只得保留原有条款，但附录却有相应的补充修改意见或通知等。众多法律法规根据不同内容和受众特点，经过归类组合，优化配套。整套普法读本非常全面系统，具有很强的学习性、实用性和指导性，非常适合用于广大农村和城乡普法学习教育与实践指导。总之，是全国全民普法的良好读本。

# 目　　录

## 农资集贸有关管理办法

农业生产资料监督管理工作暂行规定 …………………… (1)
食用农产品市场销售质量安全监督管理办法 …………………… (7)
集贸市场食品卫生管理规范 …………………… (24)
关于推进农资连锁经营发展的意见 …………………… (31)
关于进一步加强农资市场监管工作的紧急通知 …………………… (37)
附　录
　农业生产资料市场监督管理办法 …………………… (40)
　农资农家店建设与改造规范 …………………… (46)
　农家店建设与改造规范 …………………… (49)
　集贸市场计量监督管理办法 …………………… (54)
　集贸市场税收分类管理办法 …………………… (59)
　辽宁省城乡集贸市场管理条例 …………………… (64)
　青岛市集贸市场管理办法 …………………… (70)
　永州市中心城区农贸市场建设管理办法 …………………… (78)

## 批发市场管理办法

第一章　总　则 …………………… (88)
第二章　设　立 …………………… (89)
第三章　监督管理机构 …………………… (92)
第四章　权力机构 …………………… (93)
第五章　交易商 …………………… (94)

第六章　交　易 …………………………………………………………（95）
第七章　代理批发 ……………………………………………………（97）
第八章　价　格 …………………………………………………………（97）
第九章　结　算 …………………………………………………………（98）
第十章　监督管理 ……………………………………………………（98）
第十一章　附　则 ……………………………………………………（99）
附　录
农业部水产品批发市场信息采集管理暂行办法 …………（100）
商务部等12部门关于加强公益性农产品市场体系建设的指导意见…………………………………………………………（104）
郑州粮食批发市场交易管理暂行实施细则……………………（110）

## 农产品批发市场建设与管理指南

第一章　总　则………………………………………………………（120）
第二章　设立、变更和终止……………………………………………（121）
第三章　市场功能………………………………………………………（122）
第四章　市场建设………………………………………………………（123）
第五章　管理与监督……………………………………………………（124）
第六章　交易商…………………………………………………………（126）
第七章　商品交易………………………………………………………（127）
第八章　附　则…………………………………………………………（129）
附　录
农业部定点批发市场信息工作规程……………………………（130）
全国“菜篮子工程”定点鲜活农产品中心批发市场管理办法（试行）　…………………………………………………（135）

# 农资集贸有关管理办法

## 农业生产资料监督管理工作暂行规定

农业部关于印发《农业生产资料监督管理工作暂行规定》的通知
农市发〔2005〕13号

各省、自治区、直辖市农业（农林、农牧、农垦、畜牧兽医、渔业、农机化）厅（局、委、办），新疆生产建设兵团农业局：

为加强农业生产资料监督管理，加快制度建设，规范监管行为，提高农资监管水平和能力，推动建立和完善农资监管长效机制，我部制定了《农业生产资料监督管理工作暂行规定》。现印发你们，请结合落实《国务院办公厅关于推行行政执法责任制的若干意见》（国办发〔2005〕37号）的要求，认真贯彻执行。

二〇〇五年十月十日

## 第一章　总　则

**第一条**　为加强农业生产资料监督管理（以下简称农资监管），规范监管行为，提高农资监管水平和能力，根据有关法律法规，制定本规定。

**第二条**　农资监管工作坚持属地管理原则。

**第三条**　县级以上（含县级）农业行政主管部门（以下简称农业行政主管部门）应当将农资监管工作作为农业行政执法的重点，加强执法队伍建设，保障工作经费和工作条件。

**第四条**　农业行政主管部门应当发挥在农资监管工作中的牵头作用，建立农业、公安、工商、质监等部门间协调联动机制。

**第五条**　农业行政主管部门应当按照政企分开的原则，切实清理所属农资生产经营单位，加强对所属企业经营行为的指导与管理。农业行政和执法部门不得参与农资经营。

**第六条**　农业行政主管部门应当按照有关法律法规的规定，严格执行农资市场准入制度，加强农资产品登记（审定）和有关许可的管理工作，强化发证后的监督管理。

**第七条**　农业行政主管部门开展农资监管工作应当遵守本规定。

## 第二章　日常监督管理

**第八条**　农业行政主管部门应当加强源头治理，依法加强对农资生产企业和经营单位的监督检查，有计划地开展市场整顿，严厉打击农资生产经营违法违规行为。

**第九条**　农业行政主管部门应当积极开展“放心农资下乡进村”活动，加大宣传力度，提高农民识假辨假和维护自身权益的能力，大力培育农资连锁经营大户。

**第十条** 农业行政主管部门应当依法建立农资产品质量监测制度，强化农资产品质量监督。

**第十一条** 农业行政主管部门应当建立健全本行政区域内农资生产经营单位诚信档案，实施信用等级分类监管，逐步建立农资信用体系。

对于有下列情况之一的农资生产经营单位，应当在依据有关法律法规作出处罚的同时，列入重点监控名单，加强跟踪监督：

（一）生产经营的农资产品连续2次抽检质量不合格的；

（二）连续2次抽查存在违法违规行为的；

（三）因违法违规生产经营，造成严重后果的。

**第十二条** 积极推行台帐记录、票证索取制度。指导农资生产经营单位建立健全生产经营档案，加强生产经营人员培训，鼓励采用连锁经营、电子商务、农资超市等现代流通方式，不断提高农资生产经营管理水平。

**第十三条** 应有关单位或当事人要求，农业行政主管部门或农资管理机构可以依法组织有关专家成立农业生产事故鉴定委员会，调查事故原因并评估损失。

## 第三章 投诉举报与受理

**第十四条** 农业行政主管部门应当逐步建立投诉举报奖励制度，鼓励群众对农资生产经营违法违规行为进行投诉举报。

**第十五条** 农业行政主管部门应当通过设立投诉举报窗口、信箱、公布投诉举报电话等方式，接受群众对农资生产经营违法违规行为的投诉举报。

**第十六条** 农业行政主管部门受理农资生产经营违法违规行为投诉举报后，应当依照有关法律法规规定，及时进行查处。

**第十七条** 农业行政主管部门应当为投诉举报人保密，未经投诉举报人允许，不得泄露其有关信息。

## 第四章 案件查处、协办与督办

**第十八条** 农业行政主管部门应当按照管辖范围，依法及时查处农资生产、经营违法违规行为。

**第十九条** 农业行政主管部门在查处案件时，认为需要注销、撤销或吊销生产经营单位有关证照的，应当将调查结果抄告原证照发放机关并提出处理意见和建议。

**第二十条** 农业行政主管部门在查处案件时，涉及到其他行政区域的，应当及时将有关情况通报相关行政区域同级农业行政主管部门，并提出处理意见和建议。相关农业行政主管部门应当及时进行调查。

需要相关农业行政主管部门配合协助的，可以发送协查函。相关农业行政主管部门应当积极配合，做好协助调查工作。

**第二十一条** 上级农业行政主管部门在必要时可以直接依法立案查处下级农业行政主管部门管辖的案件。下级农业行政主管部门认为案情重大复杂，需要由上级农业行政主管部门直接立案查处的，可以报请上级农业行政主管部门决定。

**第二十二条** 上级农业行政主管部门可以视情况将案件移交，或以督办、挂牌督办的方式责成下级农业行政主管部门调查处理。接办案件的农业行政主管部门应当及时立案查处，并按要求上报查处进展和结果。

## 第五章 案件报告

**第二十三条** 案件属下列情况之一的，负责立案查处的地方农业行政主管部门应当在查清违法事实结案后 10 个工作日内，将基本案情逐级上报农业部。

（一）假劣农资销售金额在 10 万元以上，或假劣农资尚未销售，货值金额在 30 万元以上的；

（二）农业生产事故损失在 50 万元以上的；

（三）案情跨省级行政区域的；

（四）其他需要上报的。

**第二十四条** 案件属下列情况之一的，负责立案查处的地市级或县级农业行政主管部门应当在查清违法事实结案后 5 个工作日内，将基本案情逐级上报省级农业行政主管部门。

（一）假劣农资销售金额在 5 万元以上，或假劣农资尚未销售，货值金额在 15 万元以上的；

（二）农业生产事故损失在 10 万元以上的；

（三）案情跨地市级行政区域的；

（四）其他需要上报的。

**第二十五条** 案件属下列情况之一的，负责立案查处的县级农业行政主管部门应当在查清违法事实结案后 3 个工作日内，将基本案情上报至地市级农业行政主管部门。

（一）假劣农资销售金额在 2 万元以上，或假劣农资尚未销售，货值金额在 5 万元以上的；

（二）农业生产事故损失在 2 万元以上的；

（三）案情跨县级行政区域的；

（四）其他需要上报的。

**第二十六条** 涉嫌构成犯罪的案件，应当及时移送司法机关。

## 第六章 信息报送与公告

**第二十七条** 农业行政主管部门应当逐步建立农资监管信息平台，确定信息报送人员，加强农资监管信息的收集、统计、整理、分析和报送等工作。

**第二十八条** 农资打假情况和案件统计实行季报制度，由省级农业行政主管部门农资监管工作牵头机构统一汇总后，在农业部规定的时间内上报。

**第二十九条** 农业行政主管部门应当依法公开农资生产许可、经营许可、品种审定、产品登记、产品批准文号、质量抽检结果等有关信息。

**第三十条** 农资监管工作中发现农资产品可能给当地农业生产带来风险的，由地市级以上农业行政主管部门发布警示通报。

## 第七章 绩效考核评价

**第三十一条** 农资监管工作实行绩效考核评价制度。

上级农业行政主管部门负责对下级农业行政主管部门农资监管工作进行绩效考核评价，并及时通报考核评价结果，对在农资监管工作中取得显著成绩的单位和个人给予表彰或奖励。

**第三十二条** 农资监管工作绩效考核评价内容包括工作措施、制度建设、信息交流、案件报告、工作成效等方面，具体考核评价标准和办法由农业部另行制定。

## 第八章 责任追究

**第三十三条** 农业行政主管部门应当建立农资监管工作责任制和责任追究制度。

**第三十四条** 农业行政主管部门及其工作人员违反本规定的，由上级农业行政主管部门给予通报批评。违反党纪、政纪的，按照有关规定提请相关部门给予党纪、政纪处分。构成犯罪的，移交司法机关追究刑事责任。

## 第九章　附　则

**第三十五条**　省级农业行政主管部门可以根据本规定，制定具体实施细则。

**第三十六条**　农业生产资料监督管理工作，现有法律法规和规章有明确规定的，从其规定执行。

**第三十七条**　本规定由农业部负责解释，自公布之日起实施。

# 食用农产品市场销售质量安全监督管理办法

国家食品药品监督管理总局令

第20号

《食用农产品市场销售质量安全监督管理办法》已于2015年12月8日经国家食品药品监督管理总局局务会议审议通过，现予公布，自2016年3月1日起施行。

局长　毕井泉

2016年1月5日

## 第一章　总　则

**第一条**　为规范食用农产品市场销售行为，加强食用农产品市场销售质量安全监督管理，保证食用农产品质量安全，根据《中华人民共和国食品安全法》等法律法规，制定本办法。

**第二条** 食用农产品市场销售质量安全及其监督管理适用本办法。

本办法所称食用农产品市场销售，是指通过集中交易市场、商场、超市、便利店等销售食用农产品的活动。

本办法所称集中交易市场，是指销售食用农产品的批发市场和零售市场（含农贸市场）。

**第三条** 国家食品药品监督管理总局负责监督指导全国食用农产品市场销售质量安全的监督管理工作。

省、自治区、直辖市食品药品监督管理部门负责监督指导本行政区域食用农产品市场销售质量安全的监督管理工作。

市、县级食品药品监督管理部门负责本行政区域食用农产品市场销售质量安全的监督管理工作。

**第四条** 食用农产品市场销售质量安全及其监督管理工作坚持预防为主、风险管理原则，推进产地准出与市场准入衔接，保证市场销售的食用农产品可追溯。

**第五条** 县级以上食品药品监督管理部门应当与相关部门建立健全食用农产品市场销售质量安全监督管理协作机制。

**第六条** 集中交易市场开办者应当依法对入场销售者履行管理义务，保障市场规范运行。

食用农产品销售者（以下简称销售者）应当依照法律法规和食品安全标准从事销售活动，保证食用农产品质量安全。

**第七条** 县级以上食品药品监督管理部门应当加强信息化建设，汇总分析食用农产品质量安全信息，加强监督管理，防范食品安全风险。

集中交易市场开办者和销售者应当按照食品药品监督管理部门的要求提供并公开食用农产品质量安全数据信息。

鼓励集中交易市场开办者和销售者建立食品安全追溯体系，利用信息化手段采集和记录所销售的食用农产品信息。

**第八条** 集中交易市场开办者相关行业协会和食用农产品相关行业协会应当加强行业自律，督促集中交易市场开办者和销售者履行法律义务。

## 第二章 集中交易市场开办者义务

**第九条** 集中交易市场开办者应当建立健全食品安全管理制度，督促销售者履行义务，加强食用农产品质量安全风险防控。

集中交易市场开办者主要负责人应当落实食品安全管理制度，对本市场的食用农产品质量安全工作全面负责。

集中交易市场开办者应当配备专职或者兼职食品安全管理人员、专业技术人员，明确入场销售者的食品安全管理责任，组织食品安全知识培训。

集中交易市场开办者应当制定食品安全事故处置方案，根据食用农产品风险程度确定检查重点、方式、频次等，定期检查食品安全事故防范措施落实情况，及时消除食用农产品质量安全隐患。

**第十条** 集中交易市场开办者应当按照食用农产品类别实行分区销售。

集中交易市场开办者销售和贮存食用农产品的环境、设施、设备等应当符合食用农产品质量安全的要求。

**第十一条** 集中交易市场开办者应当建立入场销售者档案，如实记录销售者名称或者姓名、社会信用代码或者身份证号码、联系方式、住所、食用农产品主要品种、进货渠道、产地等信息。

销售者档案信息保存期限不少于销售者停止销售后6个月。集中交易市场开办者应当对销售者档案及时更新，保证其准确性、真实性和完整性。

集中交易市场开办者应当如实向所在地县级食品药品监督管理部门报告市场名称、住所、类型、法定代表人或者负责人姓名、食品安全管理制度、食用农产品主要种类、摊位数量等信息。

**第十二条** 集中交易市场开办者应当查验并留存入场销售者的社会信用代码或者身份证复印件，食用农产品产地证明或者购货凭证、合格证明文件。

销售者无法提供食用农产品产地证明或者购货凭证、合格证明文件的，集中交易市场开办者应当进行抽样检验或者快速检测；抽样检验或者快速检测合格的，方可进入市场销售。

**第十三条** 食用农产品生产企业或者农民专业合作经济组织及其成员生产的食用农产品，由本单位出具产地证明；其他食用农产品生产者或者个人生产的食用农产品，由村民委员会、乡镇政府等出具产地证明；无公害农产品、绿色食品、有机农产品以及农产品地理标志等食用农产品标志上所标注的产地信息，可以作为产地证明。

**第十四条** 供货者提供的销售凭证、销售者与供货者签订的食用农产品采购协议，可以作为食用农产品购货凭证。

**第十五条** 有关部门出具的食用农产品质量安全合格证明或者销售者自检合格证明等可以作为合格证明文件。

销售按照有关规定需要检疫、检验的肉类，应当提供检疫合格证明、肉类检验合格证明等证明文件。

销售进口食用农产品，应当提供出入境检验检疫部门出具的入境货物检验检疫证明等证明文件。

**第十六条** 集中交易市场开办者应当建立食用农产品检查制度，对销售者的销售环境和条件以及食用农产品质量安全状况进行检查。

集中交易市场开办者发现存在食用农产品不符合食品安全标准等违法行为的，应当要求销售者立即停止销售，依照集中交易市场管理规定或者与销售者签订的协议进行处理，并向所在地县级食品药品监督管理部门报告。

**第十七条** 集中交易市场开办者应当在醒目位置及时公布食品安全管理制度、食品安全管理人员、食用农产品抽样检验结果以及不合格食用农产品处理结果、投诉举报电话等信息。

**第十八条** 批发市场开办者应当与入场销售者签订食用农产品质量安全协议，明确双方食用农产品质量安全权利义务；未签订食用农产品质量安全协议的，不得进入批发市场进行销售。

鼓励零售市场开办者与销售者签订食用农产品质量安全协议，明确双方食用农产品质量安全权利义务。

**第十九条** 批发市场开办者应当配备检验设备和检验人员，或者委托具有资质的食品检验机构，开展食用农产品抽样检验或者快速检测，并根据食用农产品种类和风险等级确定抽样检验或者快速检测频次。

鼓励零售市场开办者配备检验设备和检验人员，或者委托具有资质的食品检验机构，开展食用农产品抽样检验或者快速检测。

**第二十条** 批发市场开办者应当印制统一格式的销售凭证，载明食用农产品名称、产地、数量、销售日期以及销售者名称、地址、联系方式等项目。销售凭证可以作为销售者的销售记录和其他购货者的进货查验记录凭证。

销售者应当按照销售凭证的要求如实记录。记录和销售凭证保存期限不得少于6个月。

**第二十一条** 与屠宰厂（场）、食用农产品种植养殖基地签订协议的批发市场开办者应当对屠宰厂（场）和食用农产品种植养殖基地进行实地考察，了解食用农产品生产过程以及相关信息，查验种植养殖基地食用农产品相关证明材料以及票据等。

**第二十二条** 鼓励食用农产品批发市场开办者改造升级，更新设施、设备和场所，提高食品安全保障能力和水平。

鼓励批发市场开办者与取得无公害农产品、绿色食品、有机农产品、农产品地理标志等认证的食用农产品种植养殖基地或者生产加工企业签订食用农产品质量安全合作协议。

## 第三章 销售者义务

**第二十三条** 销售者应当具有与其销售的食用农产品品种、数量相适应的销售和贮存场所，保持场所环境整洁，并与有毒、有害场所以及其他污染源保持适当的距离。

**第二十四条** 销售者应当具有与其销售的食用农产品品种、数量相适应的销售设备或者设施。

销售冷藏、冷冻食用农产品的，应当配备与销售品种相适应的冷藏、冷冻设施，并符合保证食用农产品质量安全所需要的温度、湿度和环境等特殊要求。

鼓励采用冷链、净菜上市、畜禽产品冷鲜上市等方式销售食用农产品。

**第二十五条** 禁止销售下列食用农产品：

（一）使用国家禁止的兽药和剧毒、高毒农药，或者添加食品添加剂以外的化学物质和其他可能危害人体健康的物质的；

（二）致病性微生物、农药残留、兽药残留、生物毒素、重金属等污染物质以及其他危害人体健康的物质含量超过食品安全标准限量的；

（三）超范围、超限量使用食品添加剂的；

（四）腐败变质、油脂酸败、霉变生虫、污秽不洁、混有异物、掺假掺杂或者感官性状异常的；

（五）病死、毒死或者死因不明的禽、畜、兽、水产动物肉类；

（六）未按规定进行检疫或者检疫不合格的肉类；

（七）未按规定进行检验或者检验不合格的肉类；

（八）使用的保鲜剂、防腐剂等食品添加剂和包装材料等食品相关产品不符合食品安全国家标准的；

（九）被包装材料、容器、运输工具等污染的；

（十）标注虚假生产日期、保质期或者超过保质期的；

（十一）国家为防病等特殊需要明令禁止销售的；

（十二）标注虚假的食用农产品产地、生产者名称、生产者地址，或者标注伪造、冒用的认证标志等质量标志的；

（十三）其他不符合法律、法规或者食品安全标准的。

**第二十六条** 销售者采购食用农产品，应当按照规定查验相关证明材料，不符合要求的，不得采购和销售。

销售者应当建立食用农产品进货查验记录制度，如实记录食用农产品名称、数量、进货日期以及供货者名称、地址、联系方式等内容，并保存相关凭证。记录和凭证保存期限不得少于6个月。

实行统一配送销售方式的食用农产品销售企业，可以由企业总部统一建立进货查验记录制度；所属各销售门店应当保存总部的配送清单以及相应的合格证明文件。配送清单和合格证明文件保存期限不得少于6个月。

从事食用农产品批发业务的销售企业，应当建立食用农产品销售记录制度，如实记录批发食用农产品名称、数量、销售日期以及购货者名称、地址、联系方式等内容，并保存相关凭证。记录和凭证保存期限不得少于6个月。

鼓励和引导有条件的销售企业采用扫描、拍照、数据交换、电子表格等方式，建立食用农产品进货查验记录制度。

**第二十七条** 销售者贮存食用农产品，应当定期检查库存，及时清理腐败变质、油脂酸败、霉变生虫、污秽不洁或者感官性状异常的食用农产品。

销售者贮存食用农产品，应当如实记录食用农产品名称、产地、贮存日期、生产者或者供货者名称或者姓名、联系方式等内容，并在贮存场所保存记录。记录和凭证保存期限不得少于6个月。

**第二十八条** 销售者租赁仓库的，应当选择能够保障食用农产品质量安全的食用农产品贮存服务提供者。

贮存服务提供者应当按照食用农产品质量安全的要求贮存食用农产品，履行下列义务：

（一）如实向所在地县级食品药品监督管理部门报告其名称、地址、法定代表人或者负责人姓名、社会信用代码或者身份证号码、联系方式以及所提供服务的销售者名称、贮存的食用农产品品种、数量等信息；

（二）查验所提供服务的销售者的营业执照或者身份证明和食用农产品产地或者来源证明、合格证明文件，并建立进出货台账，记录食用农产品名称、产地、贮存日期、出货日期、销售者名称或者姓名、联系方式等。进出货台账和相关证明材料保存期限不得少于6个月；

（三）保证贮存食用农产品的容器、工具和设备安全无害，保持清洁，防止污染，保证食用农产品质量安全所需的温度、湿度和环境等特殊要求，不得将食用农产品与有毒、有害物品一同贮存；

（四）贮存肉类冻品应当查验并留存检疫合格证明、肉类检验合格证明等证明文件；

（五）贮存进口食用农产品，应当查验并记录出入境检验检疫部门出具的入境货物检验检疫证明等证明文件；

（六）定期检查库存食用农产品，发现销售者有违法行为的，应当及时制止并立即报告所在地县级食品药品监督管理部门；

（七）法律、法规规定的其他义务。

**第二十九条** 销售者自行运输或者委托承运人运输食用农产品的，运输容器、工具和设备应当安全无害，保持清洁，防止污染，并符合保证食用农产品质量安全所需的温度、湿度和环境等特殊要求，不得将食用农产品与有毒、有害物品一同运输。

承运人应当按照有关部门的规定履行相关食品安全义务。

**第三十条** 销售企业应当建立健全食用农产品质量安全管理制度，配备必要的食品安全管理人员，对职工进行食品安全知识培训，制定食品安全事故处置方案，依法从事食用农产品销售活动。

鼓励销售企业配备相应的检验设备和检验人员，加强食用农产品检验工作。

**第三十一条** 销售者应当建立食用农产品质量安全自查制度，定期对食用农产品质量安全情况进行检查，发现不符合食用农产品质量安全要求的，应当立即停止销售并采取整改措施；有发生食品安全事故潜在风险的，应当立即停止销售并向所在地县级食品药品监督管理部门报告。

**第三十二条** 销售按照规定应当包装或者附加标签的食用农产品，在包装或者附加标签后方可销售。包装或者标签上应当按照规定标注食用农产品名称、产地、生产者、生产日期等内容；对保质期有要求的，应当标注保质期；保质期与贮藏条件有关的，应当予以标明；有分级标准或者使用食品添加剂的，应当标明产品质量等级或者食品添加剂名称。

食用农产品标签所用文字应当使用规范的中文，标注的内容应当清楚、明显，不得含有虚假、错误或者其他误导性内容。

**第三十三条** 销售获得无公害农产品、绿色食品、有机农产品等认证的食用农产品以及省级以上农业行政部门规定的其他需要包装销售的食用农产品应当包装，并标注相应标志和发证机构，鲜活畜、禽、水产品等除外。

**第三十四条** 销售未包装的食用农产品，应当在摊位（柜台）明显位置如实公布食用农产品名称、产地、生产者或者销售者名称或者姓名等信息。

鼓励采取附加标签、标示带、说明书等方式标明食用农产名称、产地、生产者或者销售者名称或者姓名、保存条件以及最佳食用期等内容。

**第三十五条** 进口食用农产品的包装或者标签应当符合我国法律、行政法规的规定和食品安全国家标准的要求，并载明原产地，境内代理商的名称、地址、联系方式。

进口鲜冻肉类产品的包装应当标明产品名称、原产国（地区）、生产企业名称、地址以及企业注册号、生产批号；外包装上应当以中文标明规格、产地、目的地、生产日期、保质期、储存温度等内容。

分装销售的进口食用农产品，应当在包装上保留原进口食用农产品全部信息以及分装企业、分装时间、地点、保质期等信息。

**第三十六条** 销售者发现其销售的食用农产品不符合食品安全

标准或者有证据证明可能危害人体健康的，应当立即停止销售，通知相关生产经营者、消费者，并记录停止销售和通知情况。

由于销售者的原因造成其销售的食用农产品不符合食品安全标准或者有证据证明可能危害人体健康的，销售者应当召回。

对于停止销售的食用农产品，销售者应当按照要求采取无害化处理、销毁等措施，防止其再次流入市场。但是，因标签、标志或者说明书不符合食品安全标准而被召回的食用农产品，在采取补救措施且能保证食用农产品质量安全的情况下可以继续销售；销售时应当向消费者明示补救措施。

集中交易市场开办者、销售者应当将食用农产品停止销售、召回和处理情况向所在地县级食品药品监督管理部门报告，配合政府有关部门根据有关法律法规进行处理，并记录相关情况。

集中交易市场开办者、销售者未依照本办法停止销售或者召回的，县级以上地方食品药品监督管理部门可以责令其停止销售或者召回。

## 第四章　监督管理

**第三十七条**　县级以上地方食品药品监督管理部门应当按照当地人民政府制定的本行政区域食品安全年度监督管理计划，开展食用农产品市场销售质量安全监督管理工作。

市、县级食品药品监督管理部门应当根据年度监督检查计划、食用农产品风险程度等，确定监督检查的重点、方式和频次，对本行政区域的集中交易市场开办者、销售者、贮存服务提供者进行日常监督检查。

**第三十八条**　市、县级食品药品监督管理部门按照地方政府属地管理要求，可以依法采取下列措施，对集中交易市场开办者、销售者、贮存服务提供者遵守本办法情况进行日常监督检查：

（一）对食用农产品销售、贮存和运输等场所进行现场检查；

（二）对食用农产品进行抽样检验；

（三）向当事人和其他有关人员调查了解与食用农产品销售活动和质量安全有关的情况；

（四）检查食用农产品进货查验记录制度落实情况，查阅、复制与食用农产品质量安全有关的记录、协议、发票以及其他资料；

（五）对有证据证明不符合食品安全标准或者有证据证明存在质量安全隐患以及用于违法生产经营的食用农产品，有权查封、扣押、监督销毁；

（六）查封违法从事食用农产品销售活动的场所。

集中交易市场开办者、销售者、贮存服务提供者对食品药品监督管理部门实施的监督检查应当予以配合，不得拒绝、阻挠、干涉。

**第三十九条** 市、县级食品药品监督管理部门应当建立本行政区域集中交易市场开办者、销售者、贮存服务提供者食品安全信用档案，如实记录日常监督检查结果、违法行为查处等情况，依法向社会公布并实时更新。对有不良信用记录的集中交易市场开办者、销售者、贮存服务提供者增加监督检查频次；将违法行为情节严重的集中交易市场开办者、销售者、贮存服务提供者及其主要负责人和其他直接责任人的相关信息，列入严重违法者名单，并予以公布。

市、县级食品药品监督管理部门应当逐步建立销售者市场准入前信用承诺制度，要求销售者以规范格式向社会作出公开承诺，如存在违法失信销售行为将自愿接受信用惩戒。信用承诺纳入销售者信用档案，接受社会监督，并作为事中事后监督管理的参考。

**第四十条** 食用农产品在销售过程中存在质量安全隐患，未及时采取有效措施消除的，市、县级食品药品监督管理部门可以对集中交易市场开办者、销售者、贮存服务提供者的法定代表人或者主要负责人进行责任约谈。

被约谈者无正当理由拒不按时参加约谈或者未按要求落实整改的，食品药品监督管理部门应当记入集中交易市场开办者、销售者、贮存服务提供者食品安全信用档案。

**第四十一条** 县级以上地方食品药品监督管理部门应当将食用农产品监督抽检纳入年度检验检测工作计划，对食用农产品进行定期或者不定期抽样检验，并依据有关规定公布检验结果。

市、县级食品药品监督管理部门可以采用国家规定的快速检测方法对食用农产品质量安全进行抽查检测，抽查检测结果表明食用农产品可能存在质量安全隐患的，销售者应当暂停销售；抽查检测结果确定食用农产品不符合食品安全标准的，可以作为行政处罚的依据。

被抽查人对快速检测结果有异议的，可以自收到检测结果时起4小时内申请复检。复检结论仍不合格的，复检费用由申请人承担。复检不得采用快速检测方法。

**第四十二条** 市、县级食品药品监督管理部门应当依据职责公布食用农产品监督管理信息。

公布食用农产品监督管理信息，应当做到准确、及时、客观，并进行必要的解释说明，避免误导消费者和社会舆论。

**第四十三条** 市、县级食品药品监督管理部门发现批发市场有本办法禁止销售的食用农产品，在依法处理的同时，应当及时追查食用农产品来源和流向，查明原因、控制风险并报告上级食品药品监督管理部门，同时通报所涉地同级食品药品监督管理部门；涉及种植养殖和进出口环节的，还应当通报相关农业行政部门和出入境检验检疫部门。

**第四十四条** 市、县级食品药品监督管理部门发现超出其管辖范围的食用农产品质量安全案件线索，应当及时移送有管辖权的食品药品监督管理部门。

**第四十五条** 县级以上地方食品药品监督管理部门在监督管理中发现食用农产品质量安全事故，或者接到有关食用农产品质量安全事故的举报，应当立即会同相关部门进行调查处理，采取措施防止或者减少社会危害，按照应急预案的规定报告当地人民政府和上级食品药品监督管理部门，并在当地人民政府统一领导下及时开展调查处理。

## 第五章 法律责任

**第四十六条** 食用农产品市场销售质量安全的违法行为，食品安全法等法律法规已有规定的，依照其规定。

**第四十七条** 集中交易市场开办者违反本办法第九条至第十二条、第十六条第二款、第十七条规定，有下列情形之一的，由县级以上食品药品监督管理部门责令改正，给予警告；拒不改正的，处5000元以上3万元以下罚款：

（一）未建立或者落实食品安全管理制度的；

（二）未按要求配备食品安全管理人员、专业技术人员，或者未组织食品安全知识培训的；

（三）未制定食品安全事故处置方案的；

（四）未按食用农产品类别实行分区销售的；

（五）环境、设施、设备等不符合有关食用农产品质量安全要求的；

（六）未按要求建立入场销售者档案，或者未按要求保存和更新销售者档案的；

（七）未如实向所在地县级食品药品监督管理部门报告市场基本信息的；

（八）未查验并留存入场销售者的社会信用代码或者身份证复印件、食用农产品产地证明或者购货凭证、合格证明文件的；

（九）未进行抽样检验或者快速检测，允许无法提供食用农产品产地证明或者购货凭证、合格证明文件的销售者入场销售的；

（十）发现食用农产品不符合食品安全标准等违法行为，未依照集中交易市场管理规定或者与销售者签订的协议处理的；

（十一）未在醒目位置及时公布食用农产品质量安全管理制度、食品安全管理人员、食用农产品抽样检验结果以及不合格食用农产品处理结果、投诉举报电话等信息的。

**第四十八条**　批发市场开办者违反本办法第十八条第一款、第二十条规定，未与入场销售者签订食用农产品质量安全协议，或者未印制统一格式的食用农产品销售凭证的，由县级以上食品药品监督管理部门责令改正，给予警告；拒不改正的，处 1 万元以上 3 万元以下罚款。

**第四十九条**　销售者违反本办法第二十四条第二款规定，未按要求配备与销售品种相适应的冷藏、冷冻设施，或者温度、湿度和环境等不符合特殊要求的，由县级以上食品药品监督管理部门责令改正，给予警告；拒不改正的，处 5000 元以上 3 万元以下罚款。

**第五十条**　销售者违反本办法第二十五条第一项、第五项、第六项、第十一项规定的，由县级以上食品药品监督管理部门依照食品安全法第一百二十三条第一款的规定给予处罚。

违反本办法第二十五条第二项、第三项、第四项、第十项规定的，由县级以上食品药品监督管理部门依照食品安全法第一百二十四条第一款的规定给予处罚。

违反本办法第二十五条第七项、第十二项规定，销售未按规定进行检验的肉类，或者销售标注虚假的食用农产品产地、生产者名称、生产者地址，标注伪造、冒用的认证标志等质量标志的食用农产品的，由县级以上食品药品监督管理部门责令改正，处 1 万元以上 3 万元以下罚款。

违反本办法第二十五条第八项、第九项规定的，由县级以上食品药品监督管理部门依照食品安全法第一百二十五条第一款的规定给予处罚。

**第五十一条** 销售者违反本办法第二十八条第一款规定，未按要求选择贮存服务提供者，或者贮存服务提供者违反本办法第二十八条第二款规定，未履行食用农产品贮存相关义务的，由县级以上食品药品监督管理部门责令改正，给予警告；拒不改正的，处 5000 元以上 3 万元以下罚款。

**第五十二条** 销售者违反本办法第三十二条、第三十三条、第三十五条规定，未按要求进行包装或者附加标签的，由县级以上食品药品监督管理部门责令改正，给予警告；拒不改正的，处 5000 元以上 3 万元以下罚款。

**第五十三条** 销售者违反本办法第三十四条第一款规定，未按要求公布食用农产品相关信息的，由县级以上食品药品监督管理部门责令改正，给予警告；拒不改正的，处 5000 元以上 1 万元以下罚款。

**第五十四条** 销售者履行了本办法规定的食用农产品进货查验

等义务，有充分证据证明其不知道所采购的食用农产品不符合食品安全标准，并能如实说明其进货来源的，可以免予处罚，但应当依法没收其不符合食品安全标准的食用农产品；造成人身、财产或者其他损害的，依法承担赔偿责任。

**第五十五条** 县级以上地方食品药品监督管理部门不履行食用农产品质量安全监督管理职责，或者滥用职权、玩忽职守、徇私舞弊的，依法追究直接负责的主管人员和其他直接责任人员的行政责任。

**第五十六条** 违法销售食用农产品涉嫌犯罪的，由县级以上地方食品药品监督管理部门依法移交公安机关追究刑事责任。

## 第六章 附 则

**第五十七条** 本办法下列用语的含义：

食用农产品，指在农业活动中获得的供人食用的植物、动物、微生物及其产品。农业活动，指传统的种植、养殖、采摘、捕捞等农业活动，以及设施农业、生物工程等现代农业活动。植物、动物、微生物及其产品，指在农业活动中直接获得的，以及经过分拣、去皮、剥壳、干燥、粉碎、清洗、切割、冷冻、打蜡、分级、包装等加工，但未改变其基本自然性状和化学性质的产品。

食用农产品集中交易市场开办者，指依法设立、为食用农产品交易提供平台、场地、设施、服务以及日常管理的企业法人或者其他组织。

**第五十八条** 柜台出租者和展销会举办者销售食用农产品的，参照本办法对集中交易市场开办者的规定执行。

**第五十九条** 食品摊贩等销售食用农产品的具体管理规定由省、自治区、直辖市制定。

**第六十条** 本办法自2016年3月1日起施行。

# 集贸市场食品卫生管理规范

卫生部关于印发《集贸市场食品卫生
管理规范》的通知
卫法监发〔2003〕56号

各省、自治区、直辖市卫生厅局，卫生部卫生监督中心：

为加强集贸市场的食品卫生管理，现将《集贸市场食品卫生管理规范》印发你们，请遵照执行。

本规范自2003年5月1日起施行。

二〇〇三年三月十日

## 第一章　总　则

**第一条**　为加强集贸市场的食品卫生管理，保障消费者身体健康，依据《中华人民共和国食品卫生法》（以下简称《食品卫生法》），制定本规范。

**第二条**　本规范适用于经工商行政管理机关依法登记、从事食品生产、加工或经营活动的集贸市场。

**第三条**　集贸市场的举办者（以下简称市场举办者）依照相关法律、法规和本规范规定，承担集贸市场的食品卫生管理职责。

市场内从事食品（包括食品原料）生产、加工或经营活动的单位和个人（以下简称进场经营者）应保证所生产、加工或经营食品的卫生安全，其食品生产、加工和经营活动必须符合本规范的规定。

## 第二章　集贸市场的卫生管理要求

**第四条**　集贸市场必须经卫生行政部门卫生审查，审查合格的予以公告。卫生审查的主要内容有：

（一）集贸市场的选址、建筑、卫生设施和设备情况；

（二）摊位布局情况；

（三）集贸市场卫生管理机构和卫生管理员情况；

（四）卫生检验设备和人员情况；

（五）卫生管理制度制定情况；

（六）省级卫生行政部门规定的其他情况。

**第五条**　集贸市场的选址和卫生防护距离应符合卫生要求，不得有影响食品卫生的污染源。

**第六条**　集贸市场的建筑和设施应当符合以下要求

（一）具备与食品卫生要求相适应的给排水设施；

（二）采光和照明设施符合食品生产加工和经营的需要；

（三）有防尘、防蝇、防鼠和垃圾收集设施；

（四）市场的地面应当平整结实、易于冲洗、排水通畅。

**第七条**　为避免交叉污染，同一区域的食品摊位设置要按照生熟分开的原则，合理划定功能区域，分类设置摊位，并在不同区域作明显标示。摊位分区和分类的要求如下：

（一）食品经营区域与非食品经营区域分开设置；

（二）经营鲜活畜禽、水产的区域与其他食品生产、加工或经营区域隔开，相互之间的距离不得小于 5 米；

（三）生食品摊位与熟食品摊位分开；待加工食品和直接入口食品摊位相互分开；

（四）经营餐饮服务应设置在专门区域，并相对集中；周围不得有污水或其他污染源，20 米范围内不得经营鲜活畜禽。

**第八条** 集贸市场应指定一名负责人为集贸市场食品卫生责任人，负责本规范的贯彻实施；并配备专职食品卫生管理员，负责按照本规范第三章、第四章的要求，对进入集贸市场的食品和集贸市场内的食品生产经营活动进行卫生检查。食品卫生负责人和食品卫生管理员应当接受卫生知识和业务知识培训。

食品卫生管理员的数量应当与集贸市场食品生产、加工或经营数量相适应。

**第九条** 集贸市场应制定食品卫生管理和检查制度。制度的内容应包括以下方面：

（一）对进场经营者的经营资格和经营条件审查制度；

（二）对进场食品的检查和防止假冒伪劣食品进场管理制度；

（三）日常食品卫生检查制度；

（四）食品卫生违规处理制度；

（五）环境卫生管理制度。

**第十条** 集贸市场应当配备快速检测设备和检测人员。配备的快速检测设备和人员能够开展对可疑受农药或其他污染物污染的蔬菜、农副产品、食品原料和食品进行快速抽样检测。

**第十一条** 集贸市场内应当配备卫生保洁人员，保证市场内的环境清洁，维护市场内卫生设施与设备正常使用。

**第十二条** 集贸市场应设立食品卫生知识宣传公示栏，建立食品卫生公示制度，公布食品卫生检查、检测情况，对检查、检测不合格的食品及进场经营者应在公示栏公告。

## 第三章 市场举办者的食品卫生管理职责

**第十三条** 市场举办者应当做好市场食品卫生管理工作，维护好市场的设施、设备和环境卫生，对市场所生产、加工和经营的食品进行检查、指导。

**第十四条** 市场举办者应对进场经营者的经营资格、经营条件进行审查，建立进场经营者的卫生管理档案。

**第十五条** 市场举办者应当与进场经营者签订食品卫生保证协议书，约定违反本规范的责任，加强对进场经营者的教育、培训和管理。

**第十六条** 市场举办者应对所有进场的食品进行检查，对可疑受污染的食品进行快速抽样检测，禁止不符合食品卫生要求的食品销售。

**第十七条** 市场举办者及其食品卫生管理员应当每天对进场经营者的食品卫生情况进行检查，并将检查情况进行记录。检查和记录的内容有：

（一）是否按本规范第二十条规定办理卫生许可证及经营内容与许可范围是否一致；

（二）经营人员是否按规定接受健康检查和食品卫生知识培训；

（三）是否根据本规范第二十一条规定落实进出货台账制度；

（四）禽畜肉类是否经过兽医卫生检疫，并查验检疫证明与肉类数量是否相符；

（五）食品进货是否按本规范第二十二条、第二十三条的规定进行索证；

（六）生产、加工或经营过程是否符合本规范第二十四条、第二十五条、第二十六条规定的卫生要求；

（七）是否有本规范第二十七条规定的禁止生产经营的食品；尤其要对食品加工、经营中使用的原料进行检查，防止使用非食用物质或法律、法规禁止使用的原料；

（八）是否有其他违反市场食品卫生管理制度的行为。

**第十八条** 市场举办者对检查中发现的问题，应督促进场经营者及时采取整改措施；对怀疑有本规范禁止生产经营的食品的，应及时向当地卫生或工商行政管理部门报告；对发现有本规范禁止生产经营的食品的，应立即对该食品采取控制措施，并向有关部门报告。

**第十九条** 市场举办者应负责处理涉及食品卫生问题的群众投诉，主动向卫生行政部门举报进场经营者违反《食品卫生法》的行为，积极配合卫生行政部门调查处理市场内的食品卫生违法案件。

## 第四章 对进场经营者的食品卫生要求

**第二十条** 进场经营者按照规定需要向卫生行政部门申请办理卫生许可证的，应当在取得卫生许可证后方可开展食品生产经营活动，其从业人员应当进行健康检查并接受食品卫生知识培训。

**第二十一条** 进场经营者应建立进出货台帐制度，台帐中应注明所销售食品的来源、数量、保质期，并定期查验所销售食品的保质期限。

**第二十二条** 销售直接入口的散装食品、定型包装食品及加工半成品的进场经营者均必须持有产品生产者的卫生许可证（复印件）及产品检验合格证或检验结果报告单。

顾客需要了解产品生产日期和保质期限的，销售者必须保证能够提供。

**第二十三条** 经营定型包装食品的，所销售的食品包装、标识应当真实，符合食品标签、标识的卫生要求；经营声称具有保健功能的食品，必须具有卫生部颁发的该产品的《保健食品批准证书》（复印件）。

**第二十四条** 在集贸市场进行食品现场生产、加工的（包括半成品加工和直接入口食品的加工），必须符合以下条件：

（一）有固定的地点并具备可封闭的独立场所。场所的大小应满足相应食品加工经营所要求的洗涤、冷藏、消毒、加工、存放和销售所需要的面积；

（二）具备食品加工、经营所要求的给排水设施和洗涤、加工、冷藏和防蝇、防虫设施；

（三）加工工具及食品容器清洁卫生，食品容器存放应当设置台架，不得着地放置；

（四）从业人员必须穿戴洁净的工作衣、帽上岗，保持个人卫生，工作期间不得佩带首饰、留长指甲和涂指甲油；

（五）使用新鲜和清洁及色、香、味正常的原材料，禁止在食品中添加非食品原料和非食品用添加剂；

（六）营业场所和周围地区的环境卫生，每日清除污水、垃圾和污物；

（七）其他为保证食品卫生所必须的设施和条件。

**第二十五条** 生产、加工直接入口食品除符合上条的规定外，还应符合下列卫生要求：

（一）制作肉、奶、蛋、鱼类或其它易引起食物中毒的熟食品的，应当烧熟煮透，生熟食品隔离；隔夜熟食品必须彻底加热后再出售；

（二）散装的直接入口食品，应当有清洁外罩或覆盖物，使用的包装材料应当清洁、无毒，防止食品污染。出售散装食品必须使用专用工具取货；

（三）具备食具清洗、消毒条件或使用一次性使用餐具；

（四）餐具和切配、盛装熟食品的刀、板和容器，在使用前要严格进行清洗、消毒。

**第二十六条** 经营鲜活产品应具备能够保持产品鲜活的设施和条件。

**第二十七条** 集贸市场禁止生产、加工和经营下列食品或当作食品的物品：

（一）腐败变质、油脂酸败、霉变、生虫污秽不洁或者感官性状异常的食品；

（二）过期、变质、包装破损和其他不符合食品卫生要求的食品；

（三）使用了法律、法规禁止使用的高毒农药或使用农药后尚未超过安全间隔期采摘的蔬菜、水果；

（四）使用非食用色素或其它非食用物质加工的食品；

（五）病死、毒死或者死因不明的禽、畜（包括野味）以及未经检验或者检验不合格的肉类及其制品；

（六）河豚鱼、野蘑菇等有毒动植物及被有毒有害物质污染的食品；

（七）死的黄鳝、甲鱼、乌龟、河蟹、蟛蜞、螯虾及死的贝壳类水产品以及醉制或者腌制的生食水产品；

（八）用污秽不洁或者被农药、化肥等有毒有害物污染的容器、包装材料盛装的食品；

（九）无产地、厂名、生产日期、保存期限、配方或主要成份等商品标识的定型包装食品和超过保存期限的食品；

（十）《食品卫生法》第九条规定的其它禁止生产经营的食品。

## 第五章　附　则

**第二十八条** 卫生行政部门依据本规范对集贸市场举办者和食

品卫生管理员的食品卫生管理情况进行监督检查，对不按照本规范执行的，责令改正，并予以通报批评；对违反《食品卫生法》的进场经营者依法给予行政处罚。

**第二十九条** 本规范由卫生部负责解释。以往规定中与本规范内容不一致的，以本规范为准。

**第三十条** 本规范自2003年5月1日起施行。

# 关于推进农资连锁经营发展的意见

农市发〔2003〕16号

各省、自治区、直辖市及计划单列市农业厅（局、委）、工商行政管理局、供销合作社：

为了贯彻落实《中共中央、国务院关于做好农业和农村工作的通知》（中发〔2003〕3号）精神，引导和推进我国农资连锁经营发展，现提出以下意见。

一、充分认识发展农资连锁经营的重要意义

连锁经营是指经营同类商品、使用统一商号的若干门店，在同一总部的管理下，采取统一采购或授予经营权等方式，实现规模经济效益的一种现代商品流通方式，主要有直营连锁、特许（加盟）连锁、自由连锁等类型。实行统一采购、统一配送、统一标识、统一经营方针、统一服务规范和统一销售价格等是连锁经营的基本规范和内在要求。连锁经营具有规模化、网络化、信息化的优势。农资流通要大胆创新，积极采用连锁经营方式。

农资是重要农业生产要素，目前适合开展连锁经营的产品主要包括种子（种苗）、肥料、农药、农膜、农机具、饲料及添加剂等。我国农资消费市场巨大，竞争激烈。发展连锁经营能够尽快形成规模化的营销网络，有利于企业提高市场竞争力；发展连锁经营能够理清农资物流渠道，规范售后服务，有利于控制农资商品质量；发展连锁经营是促进农资大流通，改造农资营销体制的重要措施。各地农业、工商行政管理、供销社等有关部门要充分认识发展农资连锁经营的重要意义，高度重视推进农资连锁经营工作。

二、加强指导，推进农资连锁经营发展

（一）培育农资连锁经营龙头企业

连锁经营依靠规模效益盈利，投资大。发展农资连锁经营必须有实力较强的大型龙头企业带动。各地要注意培育和发展农资经营大型龙头企业，以他们为核心，整合现有农资营销网络，发展连锁经营。鼓励相同业态或经营内容相近的农资企业通过兼并、联合等形式，进行资产与业务重组，建立产权清晰的股份制核心企业，以此带动连锁经营实现低成本扩张和跨地区发展。

（二）建立完善农资物流配送体系

集中采购，统一配送，是连锁经营的重要一环。发展连锁经营，必须建立高效运转的物流配送中心。要引进和开发适宜农资特点的物流管理技术，努力实现农资仓储立体化、装卸搬运机械化、商品配货电子化，提高配送中心的管理水平。物流配送中心建设要考虑农资在储藏、运输方面的安全性要求，要注意与改造传统仓储运输企业相结合，充分利用和发挥现有物流设施的潜力与作用。

（三）搞好连锁经营规范化管理

连锁经营对企业的规范化管理要求高。要按照连锁经营标准化、专业化的要求，对农资连锁经营全过程进行科学的分工，建立合理的营销协作体系。对每一项工作都要建立规范的作业标准和管理手册。要加强连锁经营企业的信息系统建设，对连锁经营中的物流、资金流、信息流实行全程电子网络化管理，提高整体运行效率。要明确连锁经营企业总部与各经营门店的责、权、利关系，总部要强化对门店经营行为的监管和约束，杜绝不规范的商业行为。

（四）培育农资连锁经营品牌

品牌是企业的形象，连锁经营在相当程度上是品牌经营，没有好的品牌，农资连锁经营难以做强、做大。农资连锁经营企业要实施品牌发展战略，始终把创建和维护良好的品牌形象放在十分突出的位置，通过建立和完善企业诚信制度、规范经营行为、强化商品质量管理、完善售后服务制度等来树立自身的品牌形象。农资连锁经营企业总部在严格品牌授权使用与管理制度的基础上，可以利用品牌发展特许经营，吸收加盟店参与，扩散品牌效应。各地农业、工商行政管理等部门要加强农资市场监管，保护农资连锁经营的知名品牌，打击侵犯商标等知识产权的违法经营活动。

（五）搞好农资售后服务

农资作为农业生产要素，在使用过程中有很强的技术性。农资连锁经营要将农资销售与技术推广服务紧密结合，通过有效的技术服务带动农资销售。连锁经营的管理与服务人员除接受一般经营管理业务培训外，还应加强农资技术知识培训与学习，具备指导农民正确使用农资和传播先进适用技术的能力。农资销售与技术服务要贴近农村，方便农民，适应农时，要实行质量承诺制度，完善售后服务机制，让农民买得放心，用得称心。

三、发挥优势，引导农资连锁经营健康发展

农资流通体制经过多年改革，形成了经营主体多元化的格局。当前发展农资连锁经营，要以着力培育龙头企业为切入点，以此带动对现有营销渠道及网点的整合，减少重复建设，实现连锁经营的快速健康发展。

农业技术服务部门多年来从上到下建设了一批从事农业生产资料生产、加工、经销活动的企业，设立了不少经营网点，发展农资连锁经营有一定条件。各地农业部门要引导和鼓励这些企业创新和转变营销方式，积极探索和发展连锁经营。发展农资连锁经营要打破行政区划限制，切忌地方封锁，搞“小而全”。要注意发挥农业技术服务网络的优势，将农资连锁经营与技术推广服务紧密结合。

供销社是农资经营的传统部门，具有比较健全的销售网络和仓储体系，发展农资连锁经营得天独厚。近年来，通过对自身管理体制和经营机制的改革，形成了一批有一定经济实力的区域龙头企业，增强了农资分销服务能力和市场控制能力。各地供销社要继续鼓励农资企业结合自身实际，发展龙头企业，领办农资连锁经营，加快对现有经营渠道、网点资源的重组利用，尽快形成高效、畅通、有序的农资物流新体系。

乡镇企业中有不少涉及农资流通、加工的企业，也要适应市场竞争的要求，改变单打独斗的状况，采取多种形式，积极参与农资连锁经营。经营规模小的企业，可以改造成为大连锁企业的加盟店；仓储、运输设施条件好的企业，可以与连锁企业合作，改造成为农资物流配送中心；规模大、有实力的企业可以领办连锁经营；农资生产企业可以同连锁企业建立稳定的合作关系，成为关系密切的供货商。

鼓励其他有实力的工商企业参与农资连锁经营，开拓农村市场。这些企业一般在其他领域已取得较为成功的业绩，积累了较丰富的资金，具备市场营销的经验和较高的经营管理水平，转而拓展农村市场，发展农资连锁经营，可以发挥其资金雄厚、管理手段先进的优势，为农资流通注入新生力量，促进连锁经营更快地发展。

四、积极协调，为发展农资连锁经营创造良好的外部条件

2002年9月27日，国务院办公厅转发了国务院体改办、国家经贸委《关于促进连锁经营发展的意见》（国办发〔2002〕49）号），对连锁经营在行政审批、统一纳税、规范执法检查等方面作出了统一的政策规定，这为发展农资连锁经营提供了良好的政策环境。各地有关部门要认真组织贯彻落实，积极利用这些优惠政策，支持农资连锁经营发展。

（一）简化行政审批手续，方便连锁经营企业登记注册

各地有关部门要进一步提高工作效率，简化农资连锁经营审批手续，缩短审批时间。农资连锁经营企业设立全资或控股的配送中心和门店，可持总部出具的文件，直接到所在地工商行政管理机关申请登记注册，免于办理工商登记核转手续。

连锁经营企业经营有些农资，需要办理有关批准文件（或许可证、经营资格证）的，可由总部统一向审批机关办理批准文件（或许可证、经营资格证），在确定的经营区域范围内，连锁门店可不再办理相应批准文件（或许可证、经营资格证）。可由总部（或连锁门店）持加盖总部印章的批准文件（或许可证、经营资格证）复印件，向连锁门店所在地有关部门备案，并在连锁门店所在地工商行政管理机关办理相关登记即可。有关部门在核定农资连锁经营企业的经营范围和办理农资经营批准文件（或许可证、经营资格证）时，对不同地区和系统的所有企业要一视同仁，不得歧视。

（二）实行统一纳税，促进连锁经营跨区域发展

对省内跨区域经营的直营连锁企业，经省（自治区、直辖市、计划单列市）税务部门会同同级财政部门审核同意后，可由总部向其所在地主管税务机关在省（自治区、直辖市、计划单列

市）内统一申报缴纳增值税。对市（地）、县内跨区域经营的直营连锁企业，经市（地）、县税务部门会同同级财政部门审核同意后，可由总部向其所在地主管税务机关在市（地）、县内统一申报缴纳增值税。

对连锁企业省内跨区域设立的直营门店，凡在总部领导下统一经营，与总部微机联网，并由总部实行统一采购配送，统一核算，统一规范化管理，并且不设银行结算帐户、不编制财务报表和账簿的，由总部统一缴纳企业所得税。

（三）加大农资市场的监管力度，规范农资市场

各地农资管理部门要加大对无证（照）经营的打击力度，坚决查处经营假冒伪劣农资的行为，维护农资市场秩序，为农资连锁经营企业创造公平竞争的市场环境。有关执法部门要加强工作协调，明确职责分工，开展执法检查，避免对连锁经营企业的多头和重复检查。要根据连锁经营的特点，强化总部的商品质量管理责任，把检查重点放在总部和配送中心，对连锁门店经营商品出现的质量问题，总部要负责查处、纠正并承担相应经济责任。严禁向农资连锁经营企业乱收费、乱摊派，有规定需要收费的，必须公开收费依据与标准，规范收费行为。

农资连锁经营在我国还处于起步阶段，各地农业、工商行政管理部门和供销社要积极支持农资连锁经营的发展，注意调查研究，总结经验，加强指导，力争通过几年努力，使我国农资连锁经营的规模化和规范化水平有一个明显提高，在我国农资流通领域占据重要位置，发挥引领农资流通组织方式和经营形式创新的带动作用。

2003 年 12 月 17 日

# 关于进一步加强农资市场监管工作的紧急通知

工商明电〔2008〕37号

各省、自治区、直辖市及计划单列市工商行政管理局：

为认真贯彻党中央、国务院的决策部署和《国务院办公厅关于做好当前煤电油气运和农资供应保障工作的紧急通知》（国办发明电〔2008〕30号）要求，切实落实周伯华局长在考察四川灾区时提出的“坚持抗震救灾毫不放松，促进经济发展决不动摇”的要求，充分发挥工商行政管理职能作用，加大红盾护农力度，严厉查处制售假冒伪劣农资违法行为，进一步加强农资市场监管力度。现就进一步加强农资市场监管有关事项通知如下：

一、认识形势，进一步增强加强农资市场监管的责任感和使命感

当前，各地区、各部门认真贯彻党中央、国务院的重要部署，坚持一手抓抗震救灾，一手抓经济发展，各方面工作正在有序进行。国民经济继续保持总体平稳的良好运行态势，煤电油气运供需基本平衡。但是，受国内需求增长过快及国际市场价格持续攀升等因素的影响，一些地区电煤、柴油及电力供应出现了不同程度的紧张状况，导致了化肥等农资价格持续高位运行且面临继续上涨的较大压力。农资价格的上涨，容易诱发制售假冒伪劣农资行为的发生，直接损害农民利益，影响粮食生产。各级工商行政管理机关要进一步增强政治意识、大局意识和责任意识，坚持抗震救灾毫不放松，促进经济发展决不动摇，努力做到监管与发展、服务、维权、

执法相统一，突出工作重点，加大监管力度，把开展“红盾护农”行动，加强农资市场监管作为当前重中之重的工作，严厉查处制售假冒伪劣农资坑农害农行为，要进一步整顿和规范农资市场秩序，切实维护农民利益，保障农业生产顺利进行。

二、突出工作重点，严厉查处制售假冒伪劣农资坑农害农行为

要进一步加大执法力度，严厉查处坑农害农违法案件。突出重点地区，把农资主产区、农资主销区、农资案件高发区作为检查重点；突出重点品种，把氮肥、磷肥、钾肥、尿素、复合肥、复混肥等农业生产必需的农资作为检查重点；突出重大案件，把影响面大、对农业生产危害严重的案件作为重点，严厉查处制售假冒伪劣农资坑农害农行为，确保农资消费安全。

三、加大对虚假广告的查处力度，严厉打击制作、发布虚假农资广告行为

要以种子、化肥、农药和农机具等农资广告为重点，严厉查处制作、发布虚假农资广告行为。强化对农资广告发布环节的监管，防止虚假广告通过大众传播媒体向农村传播。加大对虚假农资广告的惩治力度，严厉查处发布国家禁止生产、销售的农资广告的违法行为。

四、大力支持开展农资连锁经营和创建农资经营放心店

要鼓励和支持信誉好、规模大的农资企业到农村开展农资连锁经营，进一步推广农资商品销售与农资技术指导相结合的农资连锁店，减少流通环节，畅通流通渠道，降低流通成本。要鼓励和引导农资经营者积极创建“农资经营放心店”，方便广大农民群众购买放心农资。

五、充分发挥12315申诉举报网络的作用，及时解决因农资消费引发的投诉

要充分发挥“12315”申诉举报网络的作用，积极探索农资消

费维权“一会两站”的模式，扩大维权服务网络，方便农民群众的维权投诉。要完善农资消费纠纷解决机制，发挥农村基层工商所的职能作用，及时依法解决农资消费纠纷，特别注意解决好因农资消费引发的群体性投诉，切实维护农民群众的合法权益，维护社会稳定。

六、强化对农民群众识假、防假的维权服务指导，努力提高农民群众自我维权保护能力

要强化对农民群众识假、防假的维权服务指导，努力提高农民群众自我维权保护能力。要积极提醒农民群众到正规经营店购买农资，提醒农民群众留心查验经营者证照、索要购物凭证、查看产品、保存样品等。要提醒农民群众不要购买走村串户的游贩销售的、价格明显偏低的农资商品，以免上当受骗。

七、加强沟通协调，形成监管合力

要切实加强地区间工作信息沟通和协调，发现假冒伪劣农资跨区、跨省的案件线索，要及时通报管辖地工商行政管理机关，提高执法效能。要在当地党委、政府的统一领导下，充分发挥职能作用，加强与发展改革委、商务、农业、质检等部门的协调配合，形成监管合力。

农资市场监管中发现的重大情况，要及时向国家工商行政管理总局报告。

国家工商行政管理总局

2008 年 6 月 3 日

# 附　录

## 农业生产资料市场监督管理办法

国家工商行政管理总局令

第45号

《农业生产资料市场监督管理办法》已经国家工商行政管理总局局务会议审议通过，现予公布，自2009年11月1日起施行。

局长　周伯华

二〇〇九年九月十四日

**第一条**　为了加强农业生产资料（以下简称农资）市场管理，规范农资市场经营行为，保护经营者和消费者，特别是维护农民的合法权益，保障粮食生产，促进农村改革发展，根据《产品质量法》、《种子法》、《农业机械化促进法》、《农药管理条例》等有关法律、法规，制定本办法。

**第二条**　在中华人民共和国境内的农资经营者和农资交易市场开办者，应当遵守本办法。

**第三条**　本办法所称农资，是指种子、农药、肥料、农业机械及零配件、农用薄膜等与农业生产密切相关的农业投入品 。

本办法所称农资经营者，是指从事农资经营的自然人、企业法人和其他经济组织。

**第四条** 工商行政管理部门负责农资市场的监督管理，依法履行下列职责：

（一）依法监督检查辖区内农资经营者的经营行为，对违法行为进行查处；

（二）依法监督检查辖区内农资的质量，对不合格的农资进行查处；

（三）依法受理并处理辖区内农资消费者的申诉和举报；

（四）依法履行其它农资市场监督管理职责。

**第五条** 农资经营者和农资交易市场开办者，应当依法向工商行政管理部门申请办理登记，领取营业执照后，方可从事经营活动。

法律、行政法规或者国务院决定规定设立农资经营者和农资交易市场开办者须经批准的，或者申请登记的经营范围中属于法律、行政法规或者国务院决定规定在登记前须经批准的项目的，应当在申请登记前，报经国家有关部门批准，并在登记注册时提交有关批准文件。

**第六条** 申请从事化肥经营的企业、个体工商户、农民专业合作社，可以直接向工商行政管理部门申请办理登记。企业从事化肥连锁经营的，可以持企业总部的连锁经营相关文件和登记材料，直接到门店所在地工商行政管理部门申请办理登记。

申请从事化肥经营的企业、个体工商户应当有相应的住所、经营场所；企业注册资本（金）、个体工商户的资金数额不得少于3万元人民币。申请在省域范围内设立分支机构、从事化肥经营的企业，企业总部的注册资本（金）不得少于1000万元人民币；申请跨省域设立分支机构、从事化肥经营的企业，企业总部的注册资本（金）不得少于3000万元人民币。

专门经营不再分装的包装种子的，或者受具有种子经营许可证的种子经营者的书面委托为其代销种子的，或者种子经营者按照经营许可证规定的有效区域设立分支机构的，可以直接向工商行政管理部门申请办理登记。

**第七条** 农民专业合作社向其成员销售农资的，可以不办理营业执照。

农民个人自繁、自用的常规种子有剩余的，可以在集贸市场上出售、串换，可以不办理种子经营许可证和营业执照。

**第八条** 农资经营者应当依法从事经营活动，并接受工商行政管理部门的监督管理，不得从事下列经营活动：

（一）依法应当取得营业执照而未取得营业执照或者超出核准的经营范围和期限从事农资经营活动的；

（二）经营国家明令禁止、过期、失效、变质以及其他不合格农资的；

（三）经营标签标识标注内容不符合国家标准，伪造、涂改国家标准规定的标签标识标注内容，侵犯他人注册商标专用权，假冒知名商品特有的名称、包装、装潢或者使用与之近似的名称、包装、装潢的农资的；

（四）利用广告、说明书、标签或者包装标识等形式对农资的质量、制作成分、性能、用途、生产者、适用范围、有效期限和产地等做引人误解的虚假宣传的；

（五）其他违反法律、法规规定的行为。

**第九条** 农资经营者应当对其经营的农资的产品质量负责，建立健全内部产品质量管理制度，承担以下责任和义务：

（一）农资经营者应当建立健全进货索证索票制度，在进货时应当查验供货商的经营资格，验明产品合格证明和产品标识，并按照同种农资进货批次向供货商索要具备法定资质的质量检验机构出具的检验报告原件或者由供货商签字、盖章的检验报告复印件，以及产品销售发票或者其他销售凭证等相关票证；

（二）农资经营者应当建立进货台账，如实记录产品名称、规格、数量、供货商及其联系方式、进货时间等内容。从事批发业务的，应当建立产品销售台账，如实记录批发的产品品种、规格、数量、流向等内容。进货台账和销售台账，保存期限不得少于2年；

（三）农资经营者应当向消费者提供销售凭证，按照国家法律法规规定或者与消费者的约定，承担修理、更换、退货等三包责任和赔偿损失等农资的产品质量责任；

（四）农资经营者发现其提供的农资存在严重缺陷，可能对农业生产、人身健康、生命财产安全造成危害的，应当立即停止销售该农资，通知生产企业或者供货商，及时向监管部门报告和告知消费者，采取有效措施，及时追回不合格的农资。已经使用的，要明确告知消费者真实情况和应当采取的补救措施；

（五）配合工商行政管理部门的监督管理工作；

（六）法律、法规规定的其他义务。

**第十条** 农资交易市场开办者应当遵守相关法律、法规，建立并落实农资的产品质量管理制度和责任制度，承担以下责任和义务：

（一）审查入场经营者的经营资格，对无证无照的，不得允许其在市场内经营。

（二）明确告知入场经营者对农资的质量管理责任，以书面形式约定入场经营者建立进货查验、索证索票、进销货台帐、质量承诺、不合格产品下架、退市制度，对种子经营者还应当要求其建立种子经营档案；

（三）建立消费者投诉处理制度，配合有关部门处理消费纠纷；

（四）配合工商行政管理部门的监督管理，发现经营者有本办法第八条所禁止行为的，应当及时制止并报告工商行政管理部门；

（五）法律、法规规定的其他义务。

**第十一条** 工商行政管理部门应当建立下列制度，对农资市场实施监督管理：

（一）实行农资经营者信用分类监管制度；

（二）按照属地管理原则，实行农资市场巡查制度；

（三）实行农资市场监管预警制度，根据市场巡查、消费者申诉、举报和查处违法行为记录等情况，向社会公布农资市场监管动态信息，及时发布消费警示；

（四）建立 12315 消费者申诉举报网络，及时受理和处理农资消费者咨询、申诉和举报。

**第十二条** 工商行政管理部门监督管理农资市场，依据《行政处罚法》、《产品质量法》、《反不正当竞争法》、《无照经营查处取缔办法》等法律、法规的有关规定，可以行使下列职权：

（一）责令停止相关活动；

（二）向有关的单位和个人调查、了解有关情况；

（三）进入农资经营场所，实施现场检查；

（四）查阅、复制、查封、扣押有关的合同、票据、账簿等资料；

（五）查封、扣押有证据表明危害人体健康和人身、财产安全的或者有其他严重质量问题的农资，以及直接用于销售该农资的原材料、包装物、工具；

（六）法律、法规规定的其他职权。

**第十三条** 工商行政管理部门应当建立农资市场监管工作责任制度和责任追究制度。工商行政管理部门工作人员不依法履行职责，损害农资经营者、消费者的合法权益的，依法给予行政处分；构成犯罪的，依法追究刑事责任。

**第十四条** 农资经营者违反本办法第九条规定的，由工商行政管理部门责令改正，处1000元以上1万元以下的罚款。

**第十五条** 农资交易市场开办者违反本办法第十条规定，由工商行政管理部门责令改正，处1000元以上1万元以下罚款。

**第十六条** 违反本办法规定，现行法律、法规和规章有明确规定的，从其规定。

**第十七条** 本办法由国家工商行政管理总局负责解释。

**第十八条** 本办法自2009年11月1日起实施。

# 农资农家店建设与改造规范

## 商务部关于印发《农资农家店建设与改造规范》的通知

商建发〔2005〕543号

各省、自治区、直辖市、计划单列市及新疆生产建设兵团商务主管部门：

根据《商务部关于开展“万村千乡”市场工程试点的通知》（商建发〔2005〕45号）精神，为进一步做好农村商品流通工作，建立和完善农业生产资料产品经营网络，特制定《农资农家店建设与改造规范》，现印发给你们，请遵照执行。

从2005年开始，农资农家店纳入“万村千乡”市场工程试点范围，具体验收办法按《商务部关于“万村千乡”市场工程项目验收的通知》（商建发〔2005〕533号）的有关规定执行。请各地将执行过程中遇到的问题和建议，及时向我部（市场建设司）反馈。

特此通知

中华人民共和国商务部

二〇〇五年十月十一日

一、适用范围

本规范规定了农村村级农资农家店和乡级农资农家店的规模、

经营设施、设备和经营管理基本要求，适用于农村村级和乡级农资农家店的建设、改扩建及管理。

农资农家店是指设在乡镇或村，通过连锁经营的方式，向农村居民主要销售化肥、农药、种子、农地膜、小型农机具、兽药饲料等农业生产资料，并提供相应农技服务的农村零售店铺。其中村级农资农家店设在非乡镇人民政府所在地的村；乡级农资农家店设在乡镇人民政府所在地的行政村（或街道）。

二、村级农资农家店的基本要求

（一）规模要求

东部地区营业面积在 $30m^2$ 以上，中西部地区营业面积在 $20m^2$ 以上。

（二）经营管理基本要求

1. 经营化肥、农药、农地膜、种子、小型农机具、兽药饲料等农业生产资料在 2 大类以上，化肥、农药等 2 类农资商品的品种配送率在 70%以上。

2. 设在建筑的一层，与住宅分开，店堂内通风、明亮，墙壁和地面便于清扫；店面、店内标示必须是连锁企业的统一字号或形象。

3. 商品按品类划分不同区域分类、分品种摆放，整齐美观，有与经营商品相匹配的陈列货架或柜台，根据所销售的商品情况，采取自由的售货方式。

4. 使用检定合格的计量器具，并按相关规定定期送检；具有与连锁经营方式相适应的信息基础设备。

5. 有与其经营的农资商品相适应的仓储设施、安全防护设施、措施。

6. 店内明示对顾客的质量承诺，不得销售假冒伪劣商品。

7. 销售的商品宜符合当地的种植结构，优先选择销售名牌产品。

8. 建立商品准入和可追溯制度，统一配送及指定供货商的商品由连锁总部建立商品准入制度，对质量进行负责。农家店自行采购的商品要对进货渠道及进货商进行登记管理，对销售的商品质量负责。

9. 执行国家物价管理政策，所有商品明码标价。

10. 从业人员必须身体健康，无传染性疾病；定期参加连锁总部举办的培训，熟悉农资商品的性能和使用方法及相关知识，依法经营，依照连锁经营总部统一管理的规章，诚实守信；提供必要的农技服务和市场信息。

三、乡级农资农家店的基本要求

（一）规模要求：东部地区营业面积在 $60m^2$ 以上，中西部地区营业面积在 $40m^2$ 以上。

（二）经营管理基本要求

1. 化肥、农药及其他农资商品的大类齐全；经营化肥、农药、种子、农地膜、小型农机具、兽药饲料等农业生产资料在 3 大类以上，化肥、农药等二类农资商品的配送率在 80%以上。

2. 符合第二条第二款村级“农资农家店”2-10 条的基本要求。

3. 根据所销售的商品情况，采取柜台面售与开架相结合的售货方式，批零兼营。

4. 有必要的运输工具，能为消费者提供大宗商品送货上门的销售服务；能为村级连锁店提供代购或批发、配送服务。

5. 附设与其业务相适应的仓储库房。

6. 从业人员需从事农资销售或农资服务 2 年以上。

7. 为消费者提供农资市场信息和技术咨询服务功能，并根据消费者需求适时组织规模较大的农业技术服务、讲座等。

# 农家店建设与改造规范

中华人民共和国商务部公告

2005年第35号

商务部批准《农家店建设与改造规范》国内贸易行业标准，标准编号：SB/T10393-2005，实施日期：2005年7月15日，现予公布。

以上标准由中国标准出版社出版发行。

中华人民共和国商务部

二○○五年六月二十八日

## 1 范围

本标准规定了农村村级农家店和农村乡级农家店的基本特征、经营设施设备和经营管理的基本要求。

本标准适用于农村村级农家店和农村乡级农家店的建设、改扩建及其经营管理。

## 2 术语和定义

下列术语和定义适用于本标准。

2.1 农家店 countryside stores

店址设在乡镇或村，运用现代流通方式，以销售商品为主，并提供收购农产品及其他相关服务的零售店铺。

2.2 村级农家店 countryside stores in villages

设在自然村或行政村，以本村居民为主要目标顾客，通过连锁经营，执行规范的商品质量和物价管理，满足村民就近购买日用消费品、食品、副食品和简易生产资料的需求，同时提供相关服务的零售店铺。

2.3 乡级农家店 countryside stores in town and township

设在乡（镇），以本乡镇居民为主要目标顾客，通过连锁经营，满足居民对日常消费品、食品、副食品和简易生产资料的需求，并具备一定的为村级农家店提供采购、配送、批发或业务指导服务功能的店铺。

2.4 单品 stock keeping unit

商品的最小分类。

2.5 连锁经营 chain operation

指企业经营若干同行业或同业态的店铺，以同一商号、统一管理或授予特许经营权方式组织起来，共享规模效益的一种经营组织形式。

**3 村级农家店要求**

3.1 基本特征

东中部地区店铺营业面积 40m² 以上，经营商品品种（单品）600 种以上，配送率 40%以上；西部地区店铺营业面积 20m² 以上，经营商品品种（单品）400 种以上，配送率 40%以上。

3.2 经营管理

3.2.1 经营设施设备

3.2.1.1 店堂内进行简洁装修，墙壁和地面便于经常清扫刷洗；店内通风、明亮。

3.2.1.2 有与经营商品相匹配的陈列货架或玻璃柜台。有条件的店铺提供顾客购物篮。

3.2.1.3 使用检定合格、未超过检定周期的计量器具。

3.2.1.4 有与连锁经营方式相适应的信息基础设施设备。

3.2.1.5　有消防设施或消防器材。

3.2.2　从业人员的业务技能和职业道德

从业人员应无传染性疾病；具有一定的文化程度，经过岗前培训，熟悉所经营商品的性能和使用方法及相关知识，诚实守信。

3.2.3　售货方式

除特殊商品外，采取开架售货方式。

3.2.4　物价管理

执行国家物价管理政策，所有商品都明码标价。

3.2.5　商品质量管理

3.2.5.1　建立商品准入和可追溯制度，对进货渠道和供货商进行登记管理。

3.2.5.2　有避免散装食品、副食品受到污染的防护设施。

3.2.5.3　从配送中心以外购进食品，应通过企业认定的符合商品质量管理要求的供货商。

3.2.5.4　向顾客承诺不销售假冒伪劣商品。

3.2.6　商品结构和服务功能

所有村级农家店都应有日常生活必需品、食品、副食品、调料、洗涤用品等。有条件的店，可以为村民提供农副产品市场信息服务，小宗零星农副土特产品及废旧物资代购、代收，化肥、农药小包装或折零供应服务以及相应的售后服务。

3.2.7　经营场地与陈列

代销化肥农药、代购土特产品的营业场地与生活消费品的营业场地严格隔开。

**4　乡级农家店要求**

4.1　基本特征

东中部地区店铺营业面积 300m$^2$ 以上，经营商品品种（单品）

1500 种以上，配送率 50%以上；西部地区店铺营业面积 $100m^2$ 以上，经营商品品种（单品）800 种以上，配送率 40%以上。

4.2 经营管理

4.2.1 经营设施设备

4.2.1.1 店堂内进行简洁装修，墙壁和地面便于清扫和刷洗，店内通风、明亮。室外有与经营规模相应的停车位。兼有批发业务的应有与其业务相适应的仓储设施及管理人员。

4.2.1.2 有与所经营商品和经营规模相匹配的陈列货架或玻璃柜台，购物车、篮。

4.2.1.3 使用检定合格、未超过检定周期的计量器具，计量器具的数量应能充分满足经营的需要。所有计量器具应按国家规定定期送检，不准确的应停止使用。

4.2.1.4 有充分满足连锁经营需要的信息基础设施、设备。

4.2.1.5 配备消防安全设施或设备，保证消防安全设施齐全、完好、有效。

4.2.2 从业人员业务技能和职业道德

4.2.2.1 各岗位的从业人员都具有与其岗位相适应的业务知识和技术水平，有初中以上文化程度，经过社会专门培训机构或企业组织的岗前培训，考试合格。

4.2.2.2 经营食品、副食品的从业人员，应定期进行健康检查，持有当地卫生主管部门颁发的健康证明。

4.2.2.3 店铺制定职业道德守则，所有岗位从业人员都遵守职业道德守则，坚持诚信经营，店铺定期对岗位从业人员遵守职业道德守则情况认真考核。

4.2.3 售货方式

以批零兼营、开架自选、原包陈列为主，也可以采取完全开架自选，出入口分设。

4.2.4 物价管理

执行国家价格管理政策，所有商品都明码标价。

4.2.5 商品质量管理

4.2.5.1 满足3.2.5的要求。

4.2.5.2 建立商品质量责任制度。

4.2.5.3 涉及消费安全的商品通过质量认证。

4.2.6 商品结构和服务功能

4.2.6.1 满足3.2.6的要求。

4.2.6.2 满足村零售店铺进货要求或业务技术指导的要求。

4.2.6.3 能开展鲜活商品经营，为本地生产的达到质量标准的产品进超市提供途径。

4.2.7 经营场地与陈列

4.2.7.1 满足3.2.7的要求。

4.2.7.2 有与经营规模与经营范围相适应的仓储设施。

# 集贸市场计量监督管理办法

国家质量监督检验检疫总局令

第 17 号

《集贸市场计量监督管理办法》已经 2002 年 3 月 27 日国家质量监督检验检疫总局局务会议审议通过，现予公布，自 2002 年 5 月 25 日起施行。

二〇〇二年四月十九日

**第一条** 为了加强城乡集贸市场计量监督管理，维护集贸市场经营秩序，保护消费者的合法权益，根据《中华人民共和国计量法》、《中华人民共和国消费者权益保护法》及《国务院办公厅关于开展集贸市场专项整治工作的通知》（国办发〔2002〕15 号）的有关规定，制定本办法。

**第二条** 本办法适用于全国城乡集贸市场经营活动中的计量器具管理、商品量计量管理、计量行为及其监督管理活动。

本办法所称城乡集贸市场（以下简称集市）是指由法人单位或者自然人（以下简称集市主办者）主办的，由入场经营者（以下简称经营者）向集市主办者承租场地、进行商品交易的固定场所。

**第三条** 国家质量监督检验检疫总局对全国集市计量工作实施统一监督管理。

县级以上地方质量技术监督部门对本行政区域内的集市计量工作实施监督管理。

**第四条** 集市的计量活动应当遵循公正、公开、公平的原则，保证计量器具和商品量的准确，正确使用国家法定计量单位。

**第五条** 集市主办者应当做到：

（一）积极宣传计量法律、法规和规章，制定集市计量管理及保护消费者权益的制度，并组织实施。

（二）在与经营者签订的入场经营协议中，明确有关计量活动的权利义务和相应的法律责任。

（三）根据集市经营情况配备专（兼）职计量管理人员，负责集市内的计量管理工作，集市的计量管理人员应当接受计量业务知识的培训。

（四）对集市使用的属于强制检定的计量器具登记造册，向当地质量技术监督部门备案，并配合质量技术监督部门及其指定的法定计量检定机构做好强制检定工作。

（五）国家明令淘汰的计量器具禁止使用；国家限制使用的计量器具，应当遵守有关规定；未申请检定、超过检定周期或者经检定不合格的计量器具不得使用。

（六）集市应当设置符合要求的公平秤，并负责保管、维护和监督检查，定期送当地质量技术监督部门所属的法定计量检定机构进行检定。

公平秤是指对经营者和消费者之间因商品量称量结果发生的纠纷具有裁决作用的衡器。

（七）配合质量技术监督部门，做好集市定量包装商品、零售商品等商品量的计量监督管理工作。

（八）集市主办者可以统一配置经强制检定合格的计量器具，提供给经营者使用；也可以要求经营者配备和使用符合国家规定，与其经营项目相适应的计量器具，并督促检查。

**第六条** 经营者应当做到：

（一）遵守计量法律、法规及集市主办者关于计量活动的有关规定。

（二）对配置和使用的计量器具进行维护和管理，定期接受质量技术监督部门指定的法定计量检定机构对计量器具的强制检定。

（三）不得使用不合格的计量器具，不得破坏计量器具准确度或者伪造数据，不得破坏铅签封。

（四）凡以商品量的量值作为结算依据的，应当使用计量器具测量量值；计量偏差在国家规定的范围内，结算值与实际值相符。不得估量计费。不具备计量条件并经交易当事人同意的除外。

（五）现场交易时，应当明示计量单位、计量过程和计量器具显示的量值。如有异议的，经营者应当重新操作计量过程和显示量值。

（六）销售定量包装商品应当符合《定量包装商品计量监督规定》的规定。

**第七条** 计量检定机构进行强制检定时，应当执行国家计量检定规程，并在规定期限内完成检定，确保量值传递准确。

**第八条** 各级质量技术监督部门应当做到：

（一）宣传计量法律、法规，对集市主办者、计量管理人员进行计量方面的培训。

（二）督促集市主办者按照计量法律、法规和有关规定的要求，做好集市的计量管理工作。

（三）对集市的计量器具管理、商品量计量管理和计量行为，进行计量监督和执法检查。

（四）积极受理计量纠纷，负责计量调解和仲裁检定。

**第九条** 集市主办者或经营者申请计量器具检定，应当按物价部门核准的项目和收费标准缴纳费用。

**第十条** 消费者所购商品，在保持原状的情况下，经复核，短秤缺量的，可以向经营者要求赔偿，也可以向集市主办者要求赔偿。集市主办者赔偿后有权向经营者追偿。

**第十一条** 集市主办者违反本办法第五条第（四）项规定的，责令改正，逾期不改的，处以1000元以下的罚款。

集市主办者违反本办法第五条第（五）项规定的，责令停止使用，限期改正，没收淘汰的计量器具，并处以1000元以下的罚款；情节严重的，由当地工商行政管理部门吊销集市主办者营业执照。

集市主办者违反本办法第五条第（六）项规定的，限期改正，并处以1000元以下的罚款。

**第十二条** 经营者违反本办法第六条第（二）项规定的，限期改正，逾期不改的，没收计量器具，并处以1000元以下的罚款。

经营者违反本办法第六条第（三）项规定，给国家和消费者造成损失的，责令其赔偿损失，没收计量器具和全部违法所得，并处以2000元以下的罚款；构成犯罪的，移送司法机关追究其刑事责任。

经营者违反本办法第六条第（四）项规定，应当使用计量器具测量量值而未使用计量器具的，给予现场处罚，并限期改正；逾期不改的，处以1000元以下罚款。经营者销售商品的结算值与实际值不相符的，按照《商品量计量违法行为处罚规定》第五条、第六条的规定处罚。

经营者违反本办法第六条第（五）项规定的，给予现场处罚。

经营者违反本办法第六条第（六）项规定的，按照《定量包装商品计量监督规定》第十五条、第十六条的规定处罚。

**第十三条** 从事集市计量监督管理的国家工作人员违法失职、

徇私舞弊，情节轻微的，给予行政处分；构成犯罪的，依法追究刑事责任。

**第十四条** 本办法规定的行政处罚，由县级以上地方质量技术监督部门决定。

县级以上地方质量技术监督部门按照本办法实施行政处罚，必须遵守国家质量监督检验检疫总局关于行政案件办理程序的有关规定。

**第十五条** 本办法由国家质量监督检验检疫总局负责解释。

**第十六条** 本办法自 2002 年 5 月 25 日起施行。

# 集贸市场税收分类管理办法

## 国家税务总局关于印发《集贸市场税收分类管理办法》的通知

国税发〔2004〕154号

各省、自治区、直辖市和计划单列市国家税务局、地方税务局，扬州税务进修学院，局内各单位：

为进一步规范集贸市场税收征收管理，提高税收征管质量与效率，国家税务总局在深入调查研究、广泛征求意见的基础上，制定了《集贸市场税收分类管理办法》，现印发给你们，请认真执行。执行中有何问题和建议，请及时反馈总局。

国家税务总局

二〇〇四年十一月二十四日

**第一条** 为进一步规范集贸市场税收征收管理，提高税收征管质量和效率，根据《中华人民共和国税收征收管理法》及其实施细则以及有关规定，制定本办法。

**第二条** 本办法适用于在相对封闭的固定经营区域内，经营主体多元化且各经营主体相互独立、经营相对稳定的各类集贸市场。

**第三条** 税务机关应当根据集贸市场年纳税额的大小，将集贸市场划分为大型市场、中型市场和小型市场三类，实行分类管理。

前款所称年纳税额，是指每一纳税年度集贸市场内的经营者缴纳的各税种税款的总和。大、中、小市场划分的年纳税额标准，由省级税务机关根据本地区市场发展情况确定。

**第四条** 对大型集贸市场，应当按属地管理原则由所在地税务机关实行专业化管理，并由市（地）级税务机关负责重点监控；对中型集贸市场，由所在地税务机关负责管理；对税源零星的小型集贸市场，可以由当地税务机关管理，也可按照有关规定委托有关单位代征税款。

**第五条** 税务机关应当按照税收法律、行政法规和国家税务总局的有关规定，负责市场内纳税人的税务登记、纳税服务、建账辅导、定额核定、税款征收、发票管理、日常检查和一般性税务违规违章行为的处罚等工作。

对实行委托代征税款的，主管税务机关应当与代征单位签订委托代征协议，明确代征范围、计税依据、代征期限、代征税款的缴库期限以及税收票证的领取、保管、使用、报缴等事项，界定双方的权利、义务和责任，并发给委托代征证书。主管税务机关应当按照规定支付代征单位的代征手续费，并加强对代征单位及其代征人员的业务辅导和日常管理，适时开展检查，促使其依法做好代征工作。

**第六条** 主管税务机关应对集贸市场内经营的商品分类进行市场调查，掌握其市场行情、进销价格和平均利润率情况。同时，通过对市场经营额和每个业户经营情况的了解，为审核纳税人申报准确性和核定定额提供依据。

**第七条** 主管税务机关应加强与工商、劳动、民政、金融、公安等部门的协作配合，相互沟通信息，强化对纳税人户籍管理，掌握纳税人经营资金流量及变化情况，维护正常的税收秩序和市场经营秩序。

**第八条** 主管税务机关应要求集贸市场的投资方或投资方委托的管理单位及时提供市场内纳税人的户籍变化、物业费用、房屋租金、水电费用等与纳税人纳税有关的信息。

主管税务机关应要求集贸市场内出租摊位、房屋等经营场所的出租人依法按期报告承租人的有关情况。出租人不报告的，按照《税收征收管理法实施细则》第四十九条的规定处理。

**第九条** 负责集贸市场税收征管的国家税务局和地方税务局应加强合作，做好纳税人税务登记信息交换、业户停、复业手续办理以及漏征漏管户清理等工作。有条件的地方，可以按照《税务登记管理办法》所确定的原则，统一办理税务登记，统一开展税务登记管理工作。

为方便纳税人和节约税收成本，有条件的地区，国家税务局与地方税务局可以互相委托代征集贸市场税收。

**第十条** 主管税务机关应当根据市场内纳税人的经营规模、财务核算水平和税收优惠等方面的差异，对市场内的纳税人合理分类，采取相应的管理措施。一般可将纳税人分为四类：

（一）查账征收户：指在集贸市场内从事经营且实行查账征收的各类企业和个体工商户。

（二）定期定额征收户：指在集贸市场内从事经营，达到增值税、营业税起征点且实行定期定额征收的个体工商户。

（三）未达起征点户和免税户：指在集贸市场内从事经营但未达增值税、营业税起征点的个体工商户和按照有关税收优惠政策规定免予缴纳相关税收的个体工商户。

（四）临时经营户：指在集贸市场内从事临时经营的纳税户。

**第十一条** 对于查账征收户，主管税务机关应依照相关法律、行政法规和有关规定，引导、督促其如实建帐，准确进行核算。

查账征收户应纳的各项税款由纳税人按照有关税收法律、行政法规的规定按期自行申报缴纳。

主管税务机关应根据日常管理掌握的信息，有计划地对查账征收户申报纳税的准确性进行纳税评估。

查账征收户有《中华人民共和国税收征收征管法》第三十五条所规定情形的，主管税务机关有权核定其应纳税额。

**第十二条** 对于实行定期定额征收的个体工商户，主管税务机关应当严格按照定额核定程序，科学核定定额。为确保定额的公正和公平，各地应积极推行计算机核定定额工作，要区分不同行业，科学选取定额核定参数，合理确定定额调整系数，运用统一软件进行核定。同时，各地要普遍实行定额公示制度。

在定额核定工作中，国家税务局和地方税务局应加强协作，确保对共管户定额核定的统一。

定期定额征收户应纳的各项税款由纳税人按期申报缴纳。

对定期定额征收户，主管税务机关应本着方便纳税人的原则，积极推行简易申报，实行报缴合一，即纳税人凡在法律、行政法规规定的期限或者在税务机关依照法律、行政法规的规定确定的期限内缴纳税款的，税务机关可以视同申报，纳税人不再单独填报纳税申报表。

**第十三条** 主管税务机关应根据本地区增值税、营业税起征点标准和对个体工商户核定的定额及有关税收优惠政策规定，准确认定未达起征点户和免税户。

主管税务机关应加强对市场的日常巡查，及时掌握和了解未达起征点户的经营变化情况。对因经营情况改变而达到增值税或营业税起征点的，要及时恢复征税，并按规定程序重新核定定额。

主管税务机关应加强对免税户经营主体和免税期限的管理，对经营主体发生变化后不符合免税条件的和免税期满的纳税人，要及时恢复征税。

未达起征点户和免税户应定期向主管税务机关报送与生产经营有关的资料。具体报送内容和期限由省级税务机关确定。

**第十四条** 主管税务机关应依法、及时征收临时经营户应纳的税款。

临时经营户需要使用发票的，可以按规定向主管税务机关申请办理。

**第十五条** 对在集贸市场内经营的非独立核算的企业经销网点，主管税务机关应加强与企业所在地税务机关的征管信息交流，共同做好对经销网点和场外企业生产经营情况的监控，以防止税收流失。

**第十六条** 各省、自治区、直辖市和计划单列市国家税务局和地方税务局可以根据本办法确定的原则制定具体实施办法。

**第十七条** 本办法自发布之日起执行。

# 辽宁省城乡集贸市场管理条例

(1993年11月26日辽宁省第八届人民代表大会常务委员会第五次会议通过

根据1997年11月29日辽宁省第八届人民代表大会常务委员会第三十一次会议《关于修改〈辽宁省城乡集贸市场管理条例〉的决定》第一次修正

根据2004年6月30日辽宁省第十届人民代表大会常务委员会第十二次会议《关于修改〈辽宁省城乡集贸市场管理条例〉的决定》第二次修正

根据2006年1月13日辽宁省第十届人民代表大会常务委员会第二十三次会议《关于修改〈辽宁省城乡集贸市场管理条例〉的决定》第三次修正

根据2010年7月30日辽宁省第十一届人民代表大会常务委员会第十八次会议《关于修改部分地方性法规的决定》第四次修正

根据2014年1月9日辽宁省第十二届人民代表大会常务委员会第六次会议《关于修改部分地方性法规的决定》第五次修正)

## 第一章　总　则

**第一条**　为发展社会主义市场经济，培育和活跃商品市场，规范市场行为，维护正常交易秩序，保护经营者和消费者的合法权益，根据国家法律、法规的有关规定，制定本条例。

**第二条**　本条例所称城乡集贸市场（以下简称集贸市场），是指经营农副产品、日用工业品以及其他民用物品的各种专业性、综合性的批发、零售市场。

**第三条** 凡在我省境内集贸市场从事经营活动的单位和个人，都必须遵守本条例。

**第四条** 省、市、县（含县级市、区，下同）人民政府工商行政管理部门是本行政区域内集贸市场行政管理的主管机关。

政府其他有关部门按照各自的职责分工，依法对集贸市场的有关活动进行监督管理。

县、乡人民政府在集贸市场组织以工商管理部门为主，各有关部门参加的管理委员会，协调解决市场管理和建设中的问题。

**第五条** 工商行政管理部门和政府其他有关部门及其工作人员不得在市场参与以营利为目的的经营活动。

## 第二章 集贸市场建设

**第六条** 集贸市场建设应当纳入城乡建设总体规划，统筹安排，合理布局，多方兴办，注重实效，以场养场，加快发展，不断提高档次和水平。

**第七条** 政府鼓励企业事业单位、其他组织、公民个人以土地、房屋、资金等形式投资兴建、扩建的各类集贸市场，实行“谁投资、谁受益”的原则。市场建设投资者享有收益分配的权利和依法纳税的义务。

**第八条** 兴建集贸市场的，应当到工商行政管理部门办理登记，并取得城乡规划和国土资源部门建设用地审批手续。

**第九条** 集贸市场应当建立健全与市场规模相适应的防火设施和配套服务设施。

集贸市场应当设立公平秤、公平尺，实行信誉卡销售制度。

**第十条** 任何单位和个人不得非法拆迁、占有集贸市场场地、建筑物和其他财产。

## 第三章 集贸市场管理与监督

**第十一条** 从事经营活动的单位和个人，必须到工商行政管理部门办理营业执照，按照集贸市场划定的地点亮照经营。

从事专营、专卖品和特业经营的商品，以及其他实行国家许可证的商品交易，依照法律、行政法规的规定执行。

从事自产自销活动的农民和出售自用旧物的居民，可以凭居民身份证进行销售活动。

**第十二条** 单位和个人可以从事代购、代销、代储、代运和信息、咨询以及中介服务，但必须办理营业执照。

**第十三条** 集贸市场的商品价格和经营性服务收费，除国家另有规定外，由交易双方议定，随行就市。

**第十四条** 公安机关可以根据治安管理的需要，在大型集贸市场设立市场公安派出所或公安执勤室。

其他市场的治安管理由市场所在地的公安派出所负责。

**第十五条** 集贸市场应当保持环境卫生。集贸市场产生的废弃物应当由市场主办单位或者委托环卫部门及时运除，不得积存。

**第十六条** 集贸市场禁止出售下列物品：

（一）危害人身健康的变质商品；

（二）未经检疫或者检疫不合格的畜、禽及其产品；

（三）法律、法规规定不准出售的野生动物、植物及其产品；

（四）国家规定不准出售的文物和古生物化石；

（五）反动、淫秽出版物及其他非法出版物；

（六）国家规定必须进入特定场所进行交易的物品；

（七）法律、法规禁止出售的其他物品。

集贸市场可以出售中药材，国家另有规定的除外。集贸市场不得出售中药材以外的药品，持有《药品经营企业许可证》的除外。

**第十七条** 集贸市场禁止下列行为：

（一）欺行霸市，强买强卖，骗买骗卖；

（二）掺杂、掺假，以不合格产品冒充合格产品；

（三）倒卖各种票据；

（四）使用未经检定合格的计量器具，销售商品短尺少秤；

（五）伤风败俗、野蛮恐怖、摧残演员身心健康的卖艺活动；

（六）法律、法规、规章禁止的其他行为。

**第十八条** 从事经营活动的单位和个人，必须依法纳税，并接受税务部门的监督检查。

**第十九条** 租用集贸市场摊床或者其他设施，应当交纳设施租赁费。租赁费由当事人双方商定。

政府投资新建集贸市场的摊床，应当采取招标方式出租。

**第二十条** 公民、企事业单位和其他组织投资兴建的集贸市场转让他人时，应当按照房地产管理和市场登记管理的有关规定办理转让手续。

**第二十一条** 集贸市场实行下列公开办事制度：

（一）市场管理人员姓名、职务、职责公开；

（二）市场管理制度公开；

（三）摊位及其他设施的安排、租赁费收费标准公开；

（四）举报电话号码公开；

（五）违法案件处理结果公开。

**第二十二条** 在集贸市场依法执行职务的工作人员必须持证上岗，着国家制式服装或者佩带统一标志。

**第二十三条** 依法实施行政、事业性收费或者对违法者进行处罚，应当出具财政部门统一监制的收费和罚没票据。收费票据和罚没票据不得互相代替，不准使用非法票据。

**第二十四条** 除法律、法规和省人民政府规定的收费项目和标准外，任何单位和个人不得自行设立收费项目或者提高收费标准。

## 第四章 奖励与处罚

**第二十五条** 对促进集贸市场发展、维护市场秩序以及模范执行本条例做出突出贡献的，由政府或者工商行政管理部门给予表彰和奖励。

**第二十六条** 违反本条例第十一条第一款、第十二条规定，无照经营的，责令停止经营活动，没收非法所得，并可对个人处以100元以上500元以下罚款，对单位处以2000元以上2万元以下罚款。

**第二十七条** 违反本条例第十六条、第十七条规定的，按照《中华人民共和国食品安全法》、《产品质量法》、《消费者权益保护法》、《防疫法》、《文物保护法》、《城乡集贸市场管理办法》、《出版管理条例》和《营业性演出管理条例》等有关法律、法规的规定处罚。

**第二十八条** 违反本条例第十九条规定，未依法纳税的，按照《中华人民共和国税收征收管理法》及其实施细则的有关规定给予处罚。

**第二十九条** 违反本条例第二十五条、第二十六条规定，使用非法票据、擅自设立收费项目、提高收费标准的，按照有关法律、法规的规定处罚。

**第三十条** 违反本条例，情节严重，构成犯罪的，由司法机关依法追究刑事责任。

**第三十一条** 妨碍执法人员依法执行职务以及其他违反治安管理行为的，按照《中华人民共和国治安管理处罚法》的有关规定给予处罚。

**第三十二条** 罚没收入必须上缴同级财政。罚没的物品应当按国家和省有关规定处理。

**第三十三条** 工商行政管理部门及其他部门的执法人员，应当依法履行职责，秉公办事。对玩忽职守、滥用职权、徇私舞弊的，由其主管部门给予行政处分；构成犯罪的，由司法机关依法追究刑事责任。

工商行政管理部门和其他部门及其执行人员，因违法行为给当事人造成人身、财产损害或者损失的，应当依照国家法律、法规承担补偿、赔偿责任。

## 第五章 附 则

**第三十四条** 城市街面交易活动，由工商行政管理部门在政府有关部门、街道办事处协助下，参照有关法律、法规和本条例实施管理。

**第三十五条** 本条例应用中的具体问题，由省工商行政管理局负责解释。

**第三十六条** 本条例自公布之日起施行。

# 青岛市集贸市场管理办法

(1994年11月25日青岛市十一届人民代表大会常务委员会第14次会议通过

根据1997年8月16日山东省第八届人民代表大会常务委员会第29次会议批准的1997年7月24日青岛市十一届人民代表大会常务委员会第32次会议关于修改《青岛市环境噪声管理规定》等十件地方性法规行政处罚条款的决定第1次修正

根据1999年10月25日山东省第九届人民代表大会常务委员会第11次会议批准的1999年9月22日青岛市十二届人民代表大会常务委员会第11次会议关于修改《青岛市集贸市场管理办法》的决定第2次修正

根据2010年11月25日山东省第十一届人民代表大会常务委员会第20次会议批准的2010年10月29日青岛市第十四届人民代表大会常务委员会第21次会议《关于修改部分地方性法规的决定》第3次修正)

## 第一章　总　则

**第一条**　为加强集贸市场管理，规范市场行为，保护经营者和消费者的合法权益，促进经济的发展，根据国家有关规定，结合本市实际情况，制定本办法。

**第二条**　凡在本市行政区域内有固定场所的集贸市场均按本办法进行管理。

**第三条**　市、各县级市人民政府商品流通主管部门按照本办法规定负责本辖区内集贸市场的统筹规划和审批管理。

各级工商行政管理部门是本辖区内集贸市场的登记注册和监督管理的主管部门，在集贸市场管理方面的职责：

（一）贯彻、执行集贸市场管理的法律、法规；

（二）参与编制集贸市场发展建设规划、计划；

（三）办理集贸市场登记注册，审查集贸市场开办者制定的市场规章制度；

（四）审查确认进入集贸市场的经营者的经营资格，并对其经营行为进行监督管理；

（五）查处市场违法行为，维护市场秩序；

（六）国家规定的其他管理职责。

公安、税务、规划、环卫、市政等有关部门，应当按照各自的职责，相互配合，共同做好集贸市场的管理工作。

**第四条**　市工商行政管理部门可以根据集贸市场管理需要设立相应的市场监督管理机构，配备专职市场管理人员。

**第五条**　对在贯彻、执行集贸市场管理法律、法规，维护市场管理秩序，促进集贸市场建设工作中有突出贡献的单位和个人，由人民政府或工商行政管理部门给予表彰和奖励。

## 第二章　规划与建设

**第六条**　集贸市场的规划、建设，应当适应经济和社会发展的需要，按照方便群众生活。繁荣地区经济的原则，统一规划，合理设置。

**第七条**　市或县级市商品流通主管部门应当会同规划。工商行政管理等部门编制集贸市场建设规划，报同级人民政府批准后实施。

集贸市场建设规划应当纳入城市建设规划。

**第八条** 城市新建居民住宅小区和旧城改造，应当按照规划建设相应的集贸市场。

在市南区、市北区、四方区、李沧区和城阳区、崂山区、黄岛区的城区，除经市人民政府决定外，不得批准占用道路开办集贸市场。

**第九条** 集贸市场建设本着谁投资、谁受益的原则，采取多种形式、多种渠道筹集资金。

**第十条** 各级人民政府每年应当安排相应的资金建设集贸市场。

**第十一条** 鼓励企业、事业单位、其他社会组织和个人投资建设集贸市场，鼓励外地和境外企业、组织和个人到本市投资建设集贸市场。

**第十二条** 建设集贸市场在使用土地方面给予照顾。

城市中建设集贸市场按照规定减免城市建设配套费。

**第十三条** 现有的和已规划的集贸市场，未经原审批机关批准，任何单位和个人不得改作他用。

## 第三章 开办与登记

**第十四条** 企业、事业单位、其他社会组织和个人，符合本办法规定条件的，均可以开办集贸市场。

**第十五条** 开办集贸市场，开办者应当按照有关规定向商品流通主管部门提出申请，经批准后，到市场所在地工商行政管理部门申请办理登记注册手续。

**第十六条** 开办集贸市场应当符合下列条件：

（一）符合集贸市场建设规划的要求；

（二）具备相应的场地、设施和资金；

（三）拟上市商品符合国家规定；

（四）其他必须具备的条件。

**第十七条** 申请集贸市场登记注册的，应提供下列文件：

（一）书面申请；

（二）可行性论证报告；

（三）土地使用证明（室内集贸市场应同时提供建设工程规划许可证或房屋证明）；

（四）联合开办集贸市场的，应当同时提交联合开办各方共同签署的协议书；

（五）批准开办的文件。

**第十八条** 工商行政管理部门对集贸市场登记注册的申请应当在受理之日起三十日内进行审查，对经审查符合规定的，予以登记注册，发给市场登记证。

**第十九条** 集贸市场因变更负责人、迁移、合并、分立、撤销等，需改变集贸市场登记注册事项的，开办者应当在做出相关决定之日起三十日内向原登记注册机关申请变更或注销登记。

**第二十条** 集贸市场开办者应当按照公开、公平、竞争的原则出租、出售经营摊位，并与经营者签订协议，收取摊位费，发给摊位证。

**第二十一条** 集贸市场开办者应当履行下列职责：

（一）负责市场经营设施、服务设施和安全、卫生设施的建设、维修；

（二）建立健全市场内部日常管理组织和制度，做好集贸市场服务工作；

（三）负责市场责任区域的清扫保洁、垃圾收集清运、安全保卫、消防等工作；

（四）协助工商行政管理部门对入市经营者的经营资格进行审查；

（五）协助有关部门做好流动人口管理和计划生育工作；

（六）按规定报送有关统计资料；

（七）法律、法规规定的其他职责。

## 第四章　交易管理

**第二十二条**　凡法律法规和国家政策允许的单位和个人，均可以按照本办法规定进入集贸市场从事经营活动。

进入集贸市场从事经营活动的经营者应当遵守有关法律、法规的规定，遵守公平、自愿、诚实、信用的原则，遵守商业道德。

**第二十三条**　长期和季节性在集贸市场从事经营活动的经营者，应到集贸市场所在地工商行政管理部门申请登记注册，领取营业执照，在核准的经营范围内依法经营。

在集贸市场从事经营活动的经营者，应当按照集贸市场开办者的统一安排，在指定的地点经营。

**第二十四条**　凡国家允许在集贸市场交易的各类农副产品及其加工品、工业消费品和部分生产资料，均可以上市交易。

法律、法规规定上市交易的商品需经有关部门审查批准或出具证明的，按照法律、法规的规定执行。

**第二十五条**　在集贸市场从事服务性。娱乐性经营活动的，必须符合有关法律、法规的规定。

**第二十六条**　经营者对其经营的商品和服务项目必须按照有关规定实行明码标价。除政府及物价管理部门规定实行定价或限价的商品和服务项目外，集贸市场的商品价格由交易双方协商议定。

**第二十七条** 在集贸市场从事食品经营的，应当严格执行食品卫生法律、法规的有关规定。

**第二十八条** 经营者必须按照有关规定亮照（证）经营。各类商品应当划行归市、划线定位、摆放整齐。经营者必须保持摊位、经营设施整洁。

**第二十九条** 经营者必须保证其经营的商品和服务的质量，必须使用法定计量器具。工商行政管理部门应当协同技术监督部门加强对商品质量和计量器具的监督检查；对经营者使用的计量器具实行定期鉴定和日常校核制度。

**第三十条** 禁止销售下列物品：

（一）未经批准经营国家规定实行专营的商品；

（二）国家、省、市列入保护范围的珍贵稀有动物、植物；

（三）生产性废金属；

（四）各类枪支、管制刀具和警用、军用装备；

（五）有迷信、反动、淫秽内容的书刊、音像制品及其他非法出版物；

（六）有毒、有害、腐烂变质的食物；病死、毒死及死因不明的禽、畜、兽、水产品及其制品；

（七）爆炸、剧毒、易燃及放射性物品；

（八）毒品及麻醉药品、毒性药品、国家规定不准上市的中草药；

（九）假冒伪劣商品；

（十）依法应予检疫、检验而未检疫、检验的物品；

（十一）国家、省、市规定禁止在集贸市场销售的其他物品。

**第三十一条** 禁止从事下列活动：

（一）非法买卖票证和用票证交换商品；

（二）以次充好，掺杂使假，偷工减料，短尺少秤；

（三）欺行霸市，强买强卖，哄抬物价，垄断价格；

（四）赌博和从事看相、算命等迷信活动；

（五）野蛮恐怖、摧残人身健康，败坏社会风气的卖艺活动；

（六）收赃、销赃活动；

（七）法律、法规禁止的其他活动。

**第三十二条** 经营者必须依法纳税。

**第三十三条** 除法律、法规、规章另有规定外，其他任何单位和个人不准在集贸市场收取费用。对在集贸市场乱收费的，工商行政管理部门有权制止，经营者有权拒绝。

## 第五章 法律责任

**第三十四条** 集贸市场开办者和经营者不履行摊位出租、出售协议而产生纠纷的，可以请求工商行政管理部门调解，也可以向人民法院提起诉讼。

**第三十五条** 对违反本办法的，由工商行政管理部门按以下规定处理：

（一）未经登记注册开办集贸市场的，责令停止开办，没收违法所得，并处以二千元至二万元罚款；

（二）申请开办集贸市场时隐瞒真实情况，骗取批准的，没收违法所得，处以一千元至一万元罚款，并责令其补办有关手续，经审查不具备开办集贸市场条件的，注销登记，收回市场登记证；

（三）改变集贸市场登记注册事项而不办理变更或注销登记手续的，责令限期补办有关手续，并处以一千元至五千元罚款；

（四）无营业执照或不按规定的经营范围、经营方式从事经营活动的，没收违法经营的商品和违法所得，处以二万元以下罚款；

（五）涂改、出租、出借、转让、出卖营业执照及其副本或摊位证的，没收违法所得，处以三万元以下罚款，并可依法吊销其营业执照；

（六）不亮照（证）经营或不在指定地点、摊位经营的，给予警告，可并处二十元至一百元罚款；

（七）违反本办法第三十条规定的，除由有关部门依据有关法律、法规处罚的外，没收违法所得和违法经营的物品，可并处二万元以下的罚款，情节严重的，吊销营业执照；

（八）违反本办法第三十一条规定的，除依据有关法律。法规处罚的外，责令停止违法活动、没收违法所得和违法物品及工具，可并处二万元以下的罚款，情节严重的，依法吊销其营业执照；

（九）集贸市场开办者不履行第二十一条（一）、（二）项职责的，予以警告，可处以一千元以下罚款。

**第三十七条** 当事人对行政处理决定不服的，可以依法申请行政复议或提起行政诉讼。

**第三十六条** 对拒绝、阻挠行政执法人员依法执行公务和殴打、侮辱行政执法人员的，由公安机关依法处理；构成犯罪的，依法追究刑事责任。

**第三十八条** 行政执法人员在执行职务中玩忽职守、滥用职权、询私舞弊、收受贿赂的，由有关部门按规定处理；构成犯罪的，依法追究刑事责任。

## 第六章 附 则

**第三十九条** 本办法自公布之日起施行。

# 永州市中心城区农贸市场建设管理办法

永州市人民政府关于印发《永州市中心城区
农贸市场建设管理办法》的通知
永政发〔2017〕1号

各县区人民政府，各管理区，永州经济技术开发区，市政府各委局、各直属机构：

《永州市中心城区农贸市场建设管理办法》已经市人民政府同意，现印发给你们，请遵照执行。

永州市人民政府
2017年2月13日

## 第一章　总　则

**第一条**　为保障农贸市场开办者、经营者、消费者的合法权益，明确各职能部门的监管职责，维护市场交易秩序，规范市场交易行为，促进农贸市场健康有序发展，结合我市实际，制定本办法。

**第二条**　本办法所称的农贸市场是指经工商行政管理部门登记注册的，为经营者提供集中公开经营农副产品的公共交易场所，主要包括农产品批发市场和零售市场（中心农贸市场、社区农贸市场、生鲜超市）。

**第三条**　按照“属地管理”原则，冷水滩区政府、零陵区政府和永州经济技术开发区负责辖区内农贸市场的建设改造和日常监督管理工作。

**第四条** 中心城区范围内农贸市场的建设、改造、开办、经营和监督管理，适用本办法。

## 第二章 农贸市场建设和改造

**第五条** 农贸市场建设包括新建、重建和扩建；农贸市场改造是指在现有农贸市场的基础上，按照国家和省、市有关技术要求进行标准化改造。

**第六条** 农贸市场建设和改造必须严格按照永州市中心城区总体规划和农贸市场专项规划要求执行，任何单位和个人不得擅自变更农贸市场的使用性质，不得侵占、破坏农贸市场的场地和设施。因城市规划建设等特殊情况确需变更规划的，本着“拆一还一”和先建后拆原则易地新建，经市级住建部门审核同意并报市人民政府批准。

**第七条** 农贸市场建设和改造必须遵循政府引导、市场运作、多元投资、有效监督的原则，积极鼓励各投资主体投资新建和注资改造。

对新建的中心农贸市场可由当地政府直接投资建设和管理；新建农贸市场不宜设在地下层，产权不能分割，必须集中管理。

**第八条** 农贸市场建设由项目单位向所辖区级商务主管部门提出申请，报市级商务主管部门审核备案。市级商务主管部门根据永州市中心城区总体规划和农贸市场专项规划要求，出具审核备案意见书抄送发改、住建、国土、消防、环保等行政主管部门，各相关职能部门按照有关规定和要求依法办理报建手续。

**第九条** 农贸市场建设必须由具有相应资质的单位按照国家、省、市相关标准进行设计和施工。项目建成后，农贸市场建筑工程质量由市级住建部门组织验收，农贸市场布局和建设标准由市级商务主管部门组织验收，验收合格后不动产登记部门可依法对权属来源合法、界址清晰的农贸市场（含其它联体建筑）发放不动产权证，农贸市场才能正式对外营业；未按规划建设农贸市场或农贸市场验收不合格的，不得对农贸市场（含联体建筑）发放不动产权证。

## 第三章　农贸市场开办与经营

**第十条**　开办农贸市场，应当符合下列规定：

（一）符合农贸市场布局规划和农贸市场建设标准；

（二）具备与农贸市场规模相适应的固定场地、设施、管理机构和专职管理人员及卫生保洁人员；

（三）设立农产品检测机构，配备检测设备和具有相应资质的检测人员。

（四）开办农贸市场的企业或其他经济组织均应进行工商登记，领取营业执照。

（五）法律、法规和规章规定的其他条件。

**第十一条**　开办者应履行以下职责：

（一）按照农副产品种类合理布局、划行归市、功能分区、设立摊位。

（二）建立健全公示制度。在农贸市场入口处等显著位置设置宣传栏和公示栏，向消费者公示与交易相关的基本事项和重大事项。公示内容主要包括：场内经营者的证照情况、市场管理制度（含市场食品准入管理制度）、消费者投诉电话、市场管理机构及管理人员、检测人员及保洁人员信息、农副产品的抽检结果、不合格商品退市情况、场内经营者违法违章记录等。

（三）安排市场管理人员，加强市场的日常管理工作。市场管理人员须佩戴证件上岗。按照相关法律、法规和规章的要求，建立健全食品安全、市场秩序、环境卫生、消防安全、计量管理、治安管理和设施设备维修等方面的管理制度，并报相关部门备案。

（四）不定期对经营户进行有关法律法规和政策的宣传教育和培训，在经营户中开展文明经商活动。

（五）与经营者签订场地租赁、经营管理协议，明确双方的权利和义务，特别要明确对经营者经营区域的环境卫生责任。

（六）维护市场设施设备完好与安全，确保市场正常经营。

（七）制止并协助行政管理部门查处市场内扰乱市场经营秩序行为。

（八）设立公平交易秤杆，对经营户所使用的电子秤统一申请计量检定。

（九）承担农贸市场“门前三包”职责。

（十）法律法规规章规定的其他职责。

**第十二条** 市场开办者应当按照《中华人民共和国共和国食品安全法》、《食用农产品市场销售质量安全监督管理办法》等规定，严格落实食品安全责任：

（一）应当与场内经营者签订食品质量安全保证书（协议），订立食品质量保证及对不合格食品的退市、召回、退货等条款；

（二）应当督促场内经营者落实索证索票制度，建立食品经营台帐，记录进货渠道；

（三）建立健全食品质量查验登记制度。市场开办者应当每天派专人检查场内经营者的重要食品进货凭证，审核重要食品供应商的经营资质和实际经营情况。

（四）应当督促场内熟食摊位设立防蝇、防虫、防尘“三防”设施。

**第十三条** 市场责任人应当严格落实市场消防安全第一责任人职责，按要求做好消防安全工作：

（一）落实市场消防安全职责，制定本单位的消防安全制度、消防安全操作规定，制定灭火和应急疏散预案；

（二）按照国家标准、行业标准配置消防设施、器材，设置消防安全标志，并定期组织检验、维修，确保完好有效；

（三）对建筑消防设施每年至少进行一次全面检测，确保完好有效，检测记录应当完整准确，存档备查；

（四）保障疏散通道、安全出口、消防车通道畅通，保证防火防烟分区、防火间距符合消防技术标准；

（五）组织防火检查，及时消除火灾隐患；

（六）组织进行有针对性的消防演练；

（七）电器产品、燃气用具的安装、使用及其线路、管路的设计、敷设、维护保养、检测，必须符合消防技术标准和管理规定；

（八）法律、法规、规章规定的其他消防安全职责。

**第十四条** 农贸市场内严禁下列行为：

（一）对环境造成污染、对人体健康造成危害的行为；

（二）销售未经检疫或检疫不合格的畜禽及畜禽产品和病死、毒死或者死因不明的畜禽及产品、水产品；

（三）强买、强卖、欺行霸市、哄抬物价、缺斤短两的行为；

（四）销售假冒伪劣或者过期、失效、变质的产品；

（五）掺杂使假、以假充真、以次充好的行为；

（六）销售农药残留超标的蔬菜、水果等；

（七）销售法律法规规章禁止销售的（国家保护的）动植物及

其他农（副）产品。

**第十五条** 市场经营者应当遵守下列规定：

（一）遵守法律法规、规章和市场内的各项管理制度；

（二）服从市场管理机构的统一管理；

（三）具备相应的资质，并依法取得相关证照；

（四）除农民销售自产的农副产品外，其他经营者在经营场所内必须悬挂营业执照和其他相关证照；

（五）货物摆放整齐，讲究卫生，不乱扔垃圾；遵守交易规则，文明经商，使用依法检测的合格计量器具，并维护好经营区域及周边的环境卫生；

（六）履行国家有关消费者权益保护、产品质量等法律法规规章规定的义务，因销售不合格产品给消费者造成损害的，依法承担相应的责任；

（七）营业人员须持有效健康证明上岗。

**第十六条** 经营者依法自主经营，依法自主决定农副产品价格和服务收费标准，有权拒绝违法收费和摊派。

## 第四章 监督管理

**第十七条** 区政府（管委会）及相关职能部门根据各自职能，依法依规切实加强对农贸市场的监督管理，制定农贸市场的建设、改造、管理方案并组织实施。具体分工如下：

（一）区政府（管委会）按照“三位一体”的总体思想，组织工商、城管执法、街道（社区）成立农贸市场联合管理办公室，加强对农贸市场建设和周边环境整治综合工作，形成管理长效机制。

（二）商务部门负责制定农贸市场建设改造标准，牵头组织有关单位对农贸市场建设改造项目进行评审、验收和农贸市场环境卫生考核评比；指导市场业主开展行业交流和指导行业自律。

（三）工商行政管理部门负责核发农贸市场开办单位、经营户的有关证照，查验亮证经营情况，规范农贸市场的归行划市及摊位摆放。监督经营者的经营行为，保护交易双方合法权益，调处交易纠纷，依法查处或协同有关部门查处经营中的违法行为。

（四）城管执法部门负责对农贸市场周边市容市貌环境秩序的监督管理，打击农贸市场周边的占道经营活动，取缔路边摊点及马路市场。

（五）住建部门负责根据城市总体规划和农贸市场专项规划确认农贸市场的选址，监督农贸市场专项规划实施，严把规划审批和建设工程质量关。

（六）卫生部门（爱卫办、疾控中心、卫生监督机构）负责督促指导农贸市场业主在农贸市场内开展健康教育宣传工作，督促指导农贸市场除“四害”措施的落实；加强“五小”行业监督管理和传染病防治；配合相关部门办理从业人员健康证。

（七）公安部门负责农贸市场的治安管理，督促农贸市场业主建立安全保卫机构，落实安全保卫措施。依法查处和打击农贸市场内阻碍执法、抗法和欺行霸市、强买强卖等各种扰乱市场治安秩序的违法犯罪行为。

（八）畜牧水产部门负责在农贸市场设立检疫申报点，公布检疫人员姓名和电话，24 小时接受检疫申报；联合相关部门对农贸市场内的畜禽及其产品进行监督管理，重点查验检疫证明，防止染疫产品流入市场；联合工商行政管理部门依法查处农贸市场非法经营水生野生动物的行为。

（九）消防部门负责对农贸市场消防安全工作进行监督。

（十）食药监管部门负责对农贸市场内农残检测人员培训工作，

指导农贸市场农残检测室内检测管理制度的制定，对农贸市场内蔬菜、水果等农产品农药残留量安全进行监督抽查并及时通报；并负责做好农贸市场内食品安全监督管理工作，督促场内熟食摊位设立防蝇、防虫、防尘“三防”设施。

（十一）质量技术监督部门负责农贸市场经营活动中计量器具的检定及监督管理。

（十二）环保部门负责对农贸市场环境保护的评估、监督管理；指导农贸市场做好废水、废物、废气的技术处理。

（十四）林业部门负责联合工商行政管理部门依法查处农贸市场非法经营陆生野生动物的行为。

（十五）环境卫生部门负责农贸市场周边道路环境卫生、垃圾清运和公厕管理工作。

（十六）公安交警部门负责市场周边主次道路、背街小巷及广场的交通秩序管理。

（十七）不动产登记部门负责对对权属来源合法、界址清晰、验收合格的农贸市场发放不动产权证。

（十八）街道（社区）负责市场周边的环境卫生及场外秩序管理，组织人员开展集中整治活动。

（十九）市场业主：一是与市场经营户签订食品安全、经营秩序、环境卫生责任书，落实环境卫生和食品安全责任。二是督促市场经营户做到证照齐全、亮证经营。三是做好市场清扫保洁工作。四是做好市场秩序管理。五是做好农药残留检测工作。六是做好活禽、水产经营的污物（水）的处置和消毒设施的完善，实行隔离屠宰，落实定期休市和消毒制度，保持环境清洁卫生。七是做好食品安全管理。八是做好市场计量管理。九是做好消防安全管理。

**第十八条**　市场周边经营户利用门面销售活禽、鱼类、肉类及其它农副产品的，由工商牵头组织食药监管、畜牧水产等相关部门参照农贸市场管理标准进行监管。

## 第五章　优惠政策

**第十九条**　农贸市场作为准公益事业，凡按照国家和省、市农贸市场有关技术要求进行标准化建设和改造，经相关职能部门验收合格后，财政予以适当支持。

**第二十条**　市、区财政安排专项经费对标准化农贸市场保洁和监管给予适当支持；对经政府批准的临时便民市场由市、区财政参照标准化农贸市场的标准予以适当保洁补贴支持。

**第二十一条**　中心城区农贸市场卫生保洁实行市场化运作，以三区为单位，采取政府购买服务的方式确定有资质、信誉好、有实力的保洁公司进行保洁，市场业主和市、区财政部门按有关规定分担。保洁经考核审定后，财政部门将保洁补贴资金直接拨付到保洁公司。

对不愿将市场保洁承包给保洁公司的私有市场业主，保洁经考核审定后比照政府购买服务确定的标准，财政部门将保洁补贴资金直接拨付到市场业主。

**第二十二条**　农贸市场保洁和环境卫生管理由区政府（管委会）负责组织实施。市级商务主管部门负责监管，每季度进行一次考核和通报。对考核合格的农贸市场，由市财政部门将补贴资金按季度拨付给区里，区里根据考核结果再将市场保洁补贴资金统一拨付到市场业主或保洁公司。农贸市场保洁考核不达标的，按比例扣减当年保洁补贴资金。

## 第六章　法律责任

**第二十三条**　凡违反中心城区农贸市场专项规划，改变市场用途的，依法责令改正，不再享受相关优惠；已经享受优惠的，由财政部门追回补贴资金。

**第二十四条** 农贸市场的开办者和经营者违反本办法规定的，由相关行政管理部门按照有关法律、法规、规章的规定予以处罚。

**第二十五条** 相关职能部门及其工作人员在农贸市场监督管理中滥用职权、玩忽职守、徇私舞弊的，依照有关规定予以处理。

## 第七章 附 则

**第二十六条** 本办法自公布之日起施行。

# 批发市场管理办法

中华人民共和国国内贸易部令

第3号

1994年12月15日

## 第一章　总　则

**第一条**　为完善商品批发市场体系，规范批发市场交易行为，使批发市场的建设和管理纳入法制化、规范化轨道，保护交易当事人的正当经营和合法权益，制定本办法。

**第二条**　本办法所称“批发市场”，是指为买卖双方提供经常性的、公开的、规范的进行商品批发交易，并具有信息、结算、运输等配套服务功能的场所。

**第三条**　本办法中“中心批发市场”是指经国内贸易部批准或确认，在商品主要产地、销地或集散地中心城市设立的、具有辐射周围地区乃至全国的批发交易场所。

**第四条**　本办法中的“地方批发市场”是指经所在地省、自治区、直辖市和计划单列市商品流通主管部门或省级人民政府指定的部门批准，在国内贸易部备案设立的批发交易场所。

**第五条** 经批准或确认设立的批发市场必须使用“批发市场”名称。中心批发市场名称需冠以：所在地（省、市）名称，标明交易商品类别和“中心批发市场”字样；地方批发市场名称需冠以：所在城市名称，标明交易商品类别和“批发市场”字样。未经批准或确认的市场不得使用“批发市场”字样。

**第六条** 批发市场是社会公益性的非营利事业法人或公司法人。批发市场实行管理委员会监督管理下的理事会（董事会）负责制。

**第七条** 批发市场以服务为宗旨，遵循公开交易、平等竞争、自由议价的交易原则。

**第八条** 批发市场必须遵守和执行国家法律和宏观调控政策。

## 第二章 设 立

**第九条** 中心批发市场必须经国内贸易部批准方可设立；地方批发市场须经省级（含计划单列市）商品流通主管部门或省级人民政府指定的部门批准方可设立。

**第十条** 国内贸易部根据国家的经济发展状况制定批发市场建设规划。批发市场建设规划包括：

（一）市场建设的总体思路和方针原则；

（二）市场的布局、规模和种类；

（三）市场建设的目标；

（四）市场管理与指导；

（五）其他有关市场建设的必须事项。

省、自治区、直辖市和计划单列市商品流通主管部门应根据国内贸易部批发市场建设规划制定本地区市场建设规划，报国内贸易部备案。

**第十一条** 建立批发市场必须具备以下条件：

（一）交易商品的主要产地、销地中心城市或商品集散中心，交通方便，通讯发达；

（二）有进行批发交易的场所和基本配套设施；

（三）符合国家和地方市场建设规划。

**第十二条** 批发市场可由政府部门筹资组建，也可按《中华人民共和国公司法》（以下简称《公司法》）的有关规定由企业出资或合作组建。

**第十三条** 建立中心批发市场由发起单位提出申请，报国内贸易部批准。

地方批发市场由发起单位提出申请，报所在地省、自治区、直辖市、计划单列市商品流通主管部门或省级人民政府指定的部门批准，并报国内贸易部备案。国内贸易部在接到备案报告一个月内，以书面形式明确答复同意或不同意。同意的，方可依法办理开业等事宜。

**第十四条** 申请设立中心批发市场需经省级（包括计划单列市）人民政府认可。

**第十五条** 本办法第十三条所称“发起单位”是指：

（一）政府部门筹资建立的批发市场为参与筹资的有关政府部门和企事业单位根据共同意向设立的筹备办公室（组）。

（二）按《公司法》规定以公司形式组建的批发市场为国内贸易部或省、自治区、直辖市和计划单列市商品流通主管部门或省级人民政府指定的部门同意的一个以上的企事业单位。

**第十六条** 申报开办批发市场须提交下列材料：

（一）发起单位的申请报告；

（二）建立批发市场的可行性报告；

（三）建设计划和实施措施；

（四）章程、交易规则、内部管理规章草案。

**第十七条** 批发市场可行性报告包含以下内容：

（一）拟进行批发交易的商品种类和名称；

（二）市场所在地区该种类商品的生产能力、消费量和流通量，及同类市场的数量及规模；

（三）市场交易量、交易金额和对周围地区及全国辐射能力预测；

（四）所在地交通、通讯和流通设施情况；

（五）市场的面积、设施、主要服务功能；

（六）专职管理人员情况；

（七）批发市场的筹建方案和近、远期建设目标；

（八）建设资金数额和筹集方案，投资筹建单位所签订的筹建合同；

（九）投资的直接、间接效益预测；

（十）项目的优势、不足及相应的对策措施；

（十一）其它需要说明的事项。

**第十八条** 章程、交易规则中应对下列内容做出规定：

（一）市场的地点及规模；

（二）交易品种；

（三）招商方式、组织结构和领导机构、管理机构组成方案；

（四）交易方式和吉算方法；

（五）从事批发业务人员的有关事项；

（六）从事市场管理人员的有关事项；

（七）设施使用费用；

（八）交易时间；

（九）代理规则和手续费标准；

（十）日常经费来源及使用原则；

（十一）章程、交易规则所包含的其他要求的内容。

**第十九条** 国内贸易部在接到建立中心批发市场申请和上述文件的三个月内进行审定核实，并明确答复；地方批发市场由省、自治区、直辖市和计划单列市商品流通主管部门或省级人民政府指定部门参照中心批发市场的方式进行审批。

**第二十条** 对批准建立的中心批发市场和经国内贸易部同意备案的地方批发市场，由国内贸易部统一及时予以公告。

## 第三章 监督管理机构

**第二十一条** 批发市场设立管理委员会。中心批发市场管理委员会由国内贸易部、发起单位上级主管部门、所在地政府有关部门的代表和专家组成。管理委员会设主任一人、副主任若干人，分别由国内贸易部、所在地省级（包括计划单列市）人民政府、生产主管部门派员出任。

**第二十二条** 管理委员会是批发市场的监督管理机构，主要职责是：

（一）批准市场管理规定、章程、交易商管理规则、交易规则、工作人员守则等有关规章制度；

（二）批准交易品种、交易方式（不含中远期合同竞价交易）；

（三）协调处理批发市场筹建和运行中涉及的有关政策问题和

部门、地区之间的关系；

（四）审批理事会（董事会）的报告；

（五）对批发市场交易活动进行监督、指导；

（六）审议批准批发市场的其它重大事项。

**第二十三条** 管理委员会每年至少召开一次会议，会议须有三分之二以上成员出席，其决议须经由半数以上成员通过方为有效。

**第二十四条** 地方批发市场管理委员会参照中心批发市场管理委员会的模式设立。

## 第四章 权力机构

**第二十五条** 政府部门筹资建立的中心批发市场设理事会。理事会是批发市场的权力机构。

理事会由不少于五人的奇数组成，其中参与筹资的政府部门推选的理事不多于理事成员的三分之二，其余由交易商选举的代表出任；理事会选举产生理事长一名、副理事长若干名，任期二年，可以连选连任。理事长是批发市场的法人代表。

（一）理事会对筹资政府部门和交易商负责，行使以下职权：

1. 制定、修订批发市场有关规章制度；

2. 决定经营方针和投资方案；

3. 决定批发市场的招商和交易方式（不含中远期合同竞价交易）；

4. 批准交易商进场交易；

5. 批准交易商开展代理批发业务；

6. 决定批发市场的合并、分立、解散和清算等；

7. 决定批发市场内部机构设置；

8. 聘任或解聘高级管理人员；

9. 制定批发市场年度预、决算方案。

（二）批发市场设总经理（或总裁），总经理（总裁）由理事会聘任。总经理（总裁）对理事会负责，行使以下职权：

1. 组织实施批发市场经营方针和投资方案；

2. 拟定批发市场内部管理机构设置方案；

3. 拟订批发市场具体管理制度；

4. 负责批发市场日常工作；

5. 批发市场章程和理事会授予的其他职权。

总经理（总裁）列席理事会会议。

**第二十六条** 中心批发市场根据需要设立交易、信息、结算、交割、开发、监察等职能部门。

**第二十七条** 按《公司法》投立的中心批发市场设董事会。董事会是批发市场的权力机构，董事会等组织机构产生、职权按《公司法》的有关规定执行。

**第二十八条** 地方批发市场工作机构由当地政府根据当地实际情况设立，也可参照中心批发市场模式设立。

## 第五章 交易商

**第二十九条** 本办法所称“交易商”，是指具有商品批发交易能力，可进入批发市场进行交易的批发企业、经纪商和经批准的生产企业和用户。

**第三十条** 交易商必须具备下列条件：

（一）具有独立的法人资格；

（二）拥有开展规定商品批发业务所必需的最低注册资金和相

应的经营设施；

（三）经纪商要有经营批发业务的许可；

（四）有良好的商业信誉，无违法记录；

（五）批发市场章程规定的其他必备条件。

**第三十一条** 凡具备上述条件的批发企业、经纪商和大的生产企业和用户均可向市场提出申请，经理事会（董事会）批准，方可进场交易。

**第三十二条** 交易商平等地享有批发市场章程赋予的权利，履行章程规定的义务。

**第三十三条** 交易商必须委派具有资格证书的交易员进场交易。批发市场交易专业人员资格认定由国内贸易部负责。其培训、考核事项可委托全国性行业组织或其他有关部门具体承办。培训合格者将发给从业资格证书，未取得资格证书的人员不得参加交易。

**第三十四条** 交易员根据授权全权负责所代表交易商在市场内的交易，所签订的合同具有法律效力。交易员只能接受本单位的指令，不得接受其他交易商或客户的指令。

**第三十五条** 经理事会（董事会）批准，企业法人交易商有权接受客户的委托，进行代理批发业务。

**第三十六条** 企业法人交易商变更法人代表时，在变更后一个月内向批发市场备案。变更或增加交易员须提前十五天向批发市场备案，原交易员在了结各项手续后方可退出。

## 第六章　交　易

**第三十七条** 交易商按照诚实、守信、公平、公正的原则在批发市场内进行交易。

**第三十八条** 交易方式根据不同商品的特性采取协商买卖、竞价买卖和拍卖。

**第三十九条** 批发市场内的交易经市场确认后具有法律效力，买卖双方必须严格履约。批发市场有保证交易双方履约的权力和义务。

**第四十条** 即期现货成交按双方商定的时间、地点、品种、数量、质量等条件和交货方式由买卖双方负责，批发市场负责监督。

**第四十一条** 严格控制批发市场进行中远期合同竞价交易。批发市场进行中远期合同竞价交易或由即期货交易转为中远期合同竞价交易，必须经国内贸易部批准。

**第四十二条** 改变或增加中远期合同竞价交易品种必须报国内贸易部批准。

**第四十三条** 中远期合同竞价交易具体管理办法由国内贸易部另行制定。

**第四十四条** 有条件的批发市场要主动争取铁路、交通部门的支持。

**第四十五条** 批发市场交易品种必须符合国家认可的质量标准。

**第四十六条** 批发市场可根据国内贸易部、生产主管部门或地方政府的要求，承办全国或省、市范围的商品交易会。

**第四十七条** 批发市场内的交易禁止下列行为：

（一）蓄意串通，制造虚假供求和价格；

（二）故意捏造或散布虚假的、容易使人误解的信息；

（三）以操纵市场为目的，连续抬价或压价买入或卖出同一种商品；

（四）以其他直接或间接方式，操纵或扰乱交易；

（五）未经批准进行中远期合同竞价交易；

（六）未经批准开展代理批发业务；

（七）从事代理批发业务收受章程规定的手续费以外的报酬。

## 第七章　代理批发

**第四十八条**　交易商进行代理批发业务必须遵守代理规则和有关细则。

**第四十九条**　批发市场对交易商负责，代理者对被代理者负责。

**第五十条**　代理者可向被代理者收取手续费。

**第五十一条**　批发市场有权对代理业务进行检查监督，保护被代理者的利益。

**第五十二条**　被代理者可以自由选择代理者，代理条件由代理双方本着公正、合理的原则协商确定并签订代理协议。

## 第八章　价　格

**第五十三条**　除国家另有规定外，批发市场交易价格允许随行就市，法定报价货币为人民币。

**第五十四条**　批发市场应根据国家有关法律制定价格管理规则。

**第五十五条**　批发市场成交的价格、数量等信息由批发市场专门机构统一汇总。

**第五十六条**　建立批发市场行情报告制度。中心批发市场在每天交易结束后，要将成交品种、产地、数量、价格等行情报国内贸易部，统一向全国发布。地方批发市场在每天交易结束后，要将成交品种、产地、数量、价格等行情报省级（包括计划单列市）商品流通主管部门或省级人民政府指定的部门，统一组织发布；各地商品流通主管部门要定期将上述行情报国内贸易部。

## 第九章　结　算

**第五十七条**　有条件的批发市场对场内成交的商品实行统一结算。

**第五十八条**　以竞价方式交易的批发市场可实行保证金制度。. 条件成熟后要建立全国统一的结算机构。

**第五十九条**　批发市场有权追偿并处罚违约方造成的经济损失。

## 第十章　监督管理

**第六十条**　批发市场必须积极、严谨、高效地为交易商服务，凡因市场工作人员失职、渎职造成损失的，由市场予以赔偿。

**第六十一条**　批发市场的工作人员必须主持公道、清正廉洁，不得参与场内的交易活动。对于循私舞弊、违法乱纪者，按工作人员守则的有关条款予以处罚。情节严重者，按照干部、职工管理权限和有关法律、法规由有关部门处理。

**第六十二条**　批发市场有权监督交易商的交易行为；有权按有关规定、章程和细则对违章、违纪行为进行处罚。

**第六十三条**　交易者不严格履行商品批发合同所规定的各项条款产生的纠纷，首先由买卖双方协商解决，双方不能达成一致意见时，由批发市场依法予以调解。

**第六十四条** 批发市场通过下列工作行使监督、处罚的职责：

（一）听取交易商申诉；

（二）受理对交易商不正当行为的指控；

（三）调查交易商交易、财务状况，检查帐册、文件和原始记录；

（四）以书面形式通知交易商停止或纠正不正当行为。

**第六十五条** 对交易商和交易员的违规行为，按市场有关规定予以警告、取消交易商及交易员资格处罚。情节严重、触犯刑律的行为依法由司法机关审理。

**第六十六条** 批发市场对交易商和交易员资格实行年审制度，并向国内贸易部备案。

**第六十七条** 当批发市场交易中出现不正当行为或不正常价格时，国内贸易部或各地商品流通主管部门可对批发市场交易进行监督指导。并有权要求批发市场或交易商提供业务报告或资料，进行检查。

## 第十一章 附 则

**第六十八条** 各省、自治区、直辖市和计划单列市商品流通主管部门可根据本办法制定地方批发市场管理办法。

**第六十九条** 本办法由国内贸易部负责解释。

**第七十条** 本办法自发布之日起施行。

# 附　录

## 农业部水产品批发市场信息采集管理暂行办法

《农业部水产品批发市场信息采集管理暂行办法》的通知

农办渔〔2010〕5号

为规范水产品批发市场信息采集工作，提高水产品批发市场信息采集、分析的时效性和准确性，我部制定了《农业部水产品批发市场信息采集管理暂行办法》。现印发给你们，请遵照执行。执行过程中发现的问题，请及时反馈我部渔业局。

二〇一〇年三月九日

**第一条**　为规范农业部水产品批发市场信息采集定点单位（简称定点单位）信息采集工作，确保采集体系运行质量和效率，提高信息的准确性和时效性，更好地为行业主管部门、生产者、经营者和消费者提供信息服务，特制定本办法。

**第二条**　农业部渔业局负责管理水产品批发市场信息采集定点

单位信息采集工作，为工作的开展提供必要保障。委托中国水产学会成立水产品批发市场信息采集中心（简称信息采集中心），具体负责统计、分析、组织、协调及其它日常管理工作。

**第三条** 各省、自治区、直辖市及计划单列市渔业主管部门（下称省级渔业主管部门）具体负责本辖区水产品批发市场信息采集工作，组建并管理本地区水产品批发市场信息采集体系，指定专人负责水产品批发市场信息采集和分析工作，并为此项工作的开展提供必要保障。

**第四条** 定点单位的申报、认定工作坚持自愿、公平、公正、公开的原则。申请作为定点单位的水产品批发市场，应具备以下基本条件：在全国或地区具有一定代表性（交易量、交易额位居全国或地区前列，或某一品种交易量、交易额位居全国或地区前列），市场配备基本的信息采集软、硬件设施，并安排专职或兼职人员负责信息的采集和上报等工作。

**第五条** 申报定点单位的市场向所在地省级渔业主管部门提出申请，省级渔业主管部门负责对市场所报材料进行审核并向农业部渔业局推荐，农业部渔业局委托信息采集中心对材料进行审查，并根据审查结果确定信息采集定点单位。农业部渔业局向确定的定点单位统一颁发匾牌（有效期为五年），并予公布。

**第六条** 定点单位应选择具备一定水产品批发市场信息采集专业知识和相应计算机操作能力的人员作为水产品批发市场信息采集信息员（简称信息员），报农业部渔业局审定。农业部渔业局向确定的信息员统一颁发聘书（有效期五年），并予公布。

**第七条** 定点单位要为信息员提供与工作要求相适应的工作条件，并确保信息员相对稳定。如需更换信息员，应提前通报信息采集中心，并妥善做好工作交接，确保信息采集工作的正常运转。信息员应不断加强业务学习，增强市场信息敏感性，提高信息分析研判能力。

**第八条** 信息采集中心应成立水产品批发市场信息分析专家组。专家组成员名单由信息采集中心提出，并报农业部渔业局审定。农业部渔业局向确定的专家组成员颁发聘书（有效期五年）。信息分析专家应每月至少向信息采集中心报送一篇本地区水产品批发市场运行情况分析文章，并按要求参加信息采集中心组织的市场运行情况阶段形势分析讨论、培训等活动。

**第九条** 信息报送实行日报和月报制度。信息员应在每日 18:00 前向信息采集中心报送本市场当天所有采集品种的交易价格及成交量居前 10 位品种的成交情况（不足 10 个品种的按实际交易品种数量报送）。每月 5 日前报送上月市场总成交额、总成交量及市场运行情况分析月报。

**第十条** 信息采集中心负责对定点单位和信息员进行业务指导，监督其信息报送质量，发现异常数据，应及时通过电话沟通或现场调查等方式了解情况、更正信息。同时，对省级渔业主管部门的工作进行必要的技术指导和服务，包括确定采集品种，建立价格指数体系及调试采集系统软件等。

**第十一条** 信息采集中心负责信息的汇总、统计和分析工作，按要求报农业部渔业局审核后统一对外发布。定点单位可将已发布的全国水产品批发市场行情通报给本市场的批发交易商。

**第十二条** 农业部渔业局委托信息采集中心负责对各定点单位和信息员进行年度考核。具体考核评分标准如下：

（一）价格信息满分 100 分。无故迟报和漏报的，每迟报 1 次扣 0.5 分，每缺报 1 次扣 1 分。

（二）品种成交信息满分 100 分。无故迟报和漏报的，每迟报

1 次扣 0.5 分，每缺报 1 次扣 1 分。

（三）市场成交信息满分 60 分。无故迟报和漏报的，每迟报 1 次扣 2.5 分，每缺报 1 次扣 5 分。

（四）市场动态满分 60 分。无故迟报和漏报的，每迟报 1 次扣 2.5 分，每缺报 1 次扣 5 分。

（五）发现报送信息明显不实的情况，每次扣 5 分。

（六）需要应急报送时，每报送 1 次加 2 分。

（七）因不可抗力因素，无法及时报送信息时，应事先通知信息采集中心，由信息采集中心酌情处理。

（八）为鼓励各单位使用计算机联网，对联网设施、设备齐全，且经常使用计算机联网传送信息的单位，每年一次性加 10 分。

**第十三条**　考核得分超过 260 分的单位和信息员可被评为优秀定点单位和优秀信息员。有以下情形之一者，农业部渔业局将取消其定点单位和信息员资格，收回其匾牌和信息员聘书，并予公布。

（一）无故连续一个月不报送信息；

（二）有意弄虚作假，经劝说无效；

（三）两年内无故缺报日报累计超过 50 次，或缺报月报累计超过 4 次。

**第十四条**　本办法由农业部渔业局负责解释。

**第十五条**　本办法自发布之日起施行。

# 商务部等12部门关于加强公益性农产品市场体系建设的指导意见

商建函〔2016〕146号

公益性农产品市场是政府支持并拥有较强控制力，具有保障市场供应、稳定市场价格、促进食品安全、推动绿色环保等公益功能的农产品市场。公益性农产品市场体系是由农产品批发市场、零售市场和田头市场等各类公益性市场组成的有机整体。改革开放以来，我国农产品市场体系建设取得了长足发展，在服务“三农”、保障和改善民生、促进经济社会发展等方面发挥了重要作用。但公益性农产品市场发展滞后，市场公益功能弱，政府调控缺乏机制保障等问题没有很好解决，难以满足经济社会发展和人民生活水平提高的需要。

在我国经济发展进入新常态的背景下，贯彻落实《中共中央国务院关于落实发展新理念加快农业现代化实现全面小康目标的若干意见》（中发〔2016〕1号）文件精神，推进公益性农产品市场体系建设，有利于补足农产品流通短板，提升服务“三农”能力，推动农业增效、农村发展和农民增收；有利于推动农产品供给侧结构性改革，提高农产品供给质量和效率，满足多层次消费需求，切实保障和改善民生；有利于稳定农产品市场运行，增强政府宏观调控能力，推动国民经济平稳健康发展；有利于转变政府职能，创新社会治理，提高公共服务能力和水平。现就加强公益性农产品市场体系建设提出如下指导意见：

一、指导思想

深入贯彻党的十八大、十八届三中、四中、五中全会和中央经济工作会议、中央农村工作会议精神，充分发挥市场在资源配置中的决定性作用，同时更好发挥政府作用，厘清中央与地方事权，科学规划公益性农产品市场布局，创新公益性实现模式，围绕增强宏观调控能力和民生保障能力的目标，完善投资保障、运营管理和政府监管机制，强化保供、稳价、安全、环保功能，加快构建与新型工业化、信息化、城镇化和农业现代化相适应的公益性农产品市场体系。

二、基本原则和发展目标

（一）基本原则

1. 统筹规划，合理布局。要立足当前，着眼长远，坚持新建与改造并举，统筹规划公益性农产品市场建设，优化公益性农产品市场布局，促进公益性农产品市场在地区分布、功能协调、优势互补等方面有机衔接，发挥好协同作用。

2. 政府引导，市场运作。处理好政府和市场的关系，坚持投资与运营分离，政府参与市场建设投资，强化公益功能监管。市场运营引入市场机制，按照市场规则运作，提高公共服务效率和能力。

3. 创新机制，完善体系。着重在制约公益功能发挥的突出问题和关键环节上大胆探索创新，加快建立健全公益功能实现和保障机制，逐步完善覆盖农产品批发、零售等各个环节的公益性农产品市场体系。

4. 合理分工，因地制宜。中央和地方要加强联动，合力推进公益性农产品市场体系建设。相关部委负责完善有关法规、标准和统筹规划跨区域公益性农产品批发市场建设。地方各级政府负责统筹规划区域公益性农产品批发市场、零售市场建设和具体项目建设。各地要结合本地实际，积极探索多种形式的公益性实现方式。

（二）发展目标

争取到2020年，初步建立起覆盖全国农产品重要流通节点，以跨区域公益性农产品批发市场为龙头、区域公益性农产品批发市场为骨干、公益性农产品零售市场和田头市场为基础的全国公益性农产品市场体系，完善公益性市场的投资、运营及监管机制，形成公益性农产品市场与其他市场相互促进、有序竞争、协调发展的农产品流通新格局，在保供稳价和安全环保等方面发挥骨干支撑作用。

三、加强规划指导，统筹市场建设

各地要认真落实《商务部等10部门关于印发〈全国农产品市场体系发展规划〉的通知》（商建发〔2015〕276号）有关公益性农产品市场建设要求，对现有农产品市场的所有制性质、市场规模、覆盖地区和交易品种等基本情况及本地农产品生产、流通和消费情况进行摸底调查，根据本地农产品流通网络布局及资源禀赋、人口分布、消费能力等因素，统筹规划公益性农产品批发市场、田头市场、平价菜店、社区菜店等公益性农产品市场布局。

四、完善设施功能，构建市场体系

按照《商务部办公厅关于印发〈公益性农产品批发市场标准（试行）〉的通知》（商办建函〔2015〕693号）要求，推动公益性农产品批发市场建设，完善公共加工配送中心、公共信息服务平台、检验检测中心、消防安全监控中心、废弃物处理设施等公益性流通基础设施建设和公益功能实现的长效机制。鼓励有条件的地方通过直接投资、改造补助、产权回购回租等方式，建设公益性农产品零售市场，组建公益性市场经营管理公司，建设公益性菜市场、平价菜店等，应用互联网、物联网等技术，发展公共加工配送中心和冷链物流，推动公益性农产品零售市场连锁化经营。加快形成设施完备、功能完善的公益性农产品市场体系。

五、创新实现机制，确保公益功能发挥

创新市场供应稳定机制。鼓励具备条件的公益性市场纵向延伸产业链条，发展“农批零对接”、“农超对接”等各种形式的产销对接，建立紧密的产销衔接机制，提高货源组织能力，增强货源稳定性；建立关系百姓日常生活需要农产品的市场供应调节制度，增强市场调节能力；建立应急保供机制，在突发事件时保障市场供应；实行较低收费，提供平价或微利公共服务。

创新价格稳定调节机制。市场要建立农产品市场供求信息传导机制，改善农产品供求信息不对称状况，引导农业按需生产。要对重要农产品价格进行日常监测与分析，建立预警机制，在发生价格异常波动时，根据政府调控要求，通过减免费用、组织货源等手段，平抑市场价格。

创新质量安全促进机制。市场要建立农产品质量检验检测机制，有条件的地方可通过购买服务、补贴检测费等方式，鼓励和引导国家检验检测机构或具备相应资质的第三方检验检测机构入驻公益性农产品市场，从源头上防止不符合质量安全标准的农产品进入市场销售，引导农业标准化、规范化生产。鼓励公益性农产品市场采用良好农业规范（GAP）、危害分析与关键控制点（HACCP）等认证手段保障质量安全，实现质量安全可追溯。

创新绿色环保引领机制。支持公益性农产品批发市场、零售市场建设和完善场内废水、垃圾处理等环保配套设施，提高废弃物收集和处理能力，在农产品运输、冷链等领域积极应用低能耗、低污染、低排放的绿色环保技术和设备，提升农产品流通综合环保水平。

六、强化管理机制，实施投资运营监管

建立投资保障机制。通过建立国有资本投资运营公司、设立农产品流通产业发展基金和采取公私合营（PPP）等方式，有效发挥国有资本引导作用，带动社会资本参与公益性农产品市场建设和公益功能运营，保障社会资本获取合理利润。鼓励供销合作社企业积极参与公益性农产品市场建设。

建立运营管理机制。国有全资公益性农产品市场采取自建自管模式，政府直接或委托第三方机构管理市场。混合所有制公益性农产品市场采取参建代管模式，政府参与市场投资，委托第三方机构作为出资人代表参与管理，市场日常运营按市场规则运作，国有股权收益返补公益功能运营。对暂时不能由政府出资入股、具有重要影响力的民营市场可采取契约合作模式，由政府与市场签署合作协议，约定市场责任和义务，政府给予必要政策支持。

建立政府监管机制。政府对公益性农产品市场进行评估验收和监督，鼓励发挥社区街道作用，对零售市场实行属地监管；建立监管指标体系，重点考察公益性批发市场集散储备能力、价格稳定、质量安全等指标，重点考察公益性零售市场网点布局合理性和居民满意度等指标。

七、加强协调配合，营造良好政策环境

各地要建立公益性农产品市场体系建设综合管理协调机制，共同研究出台相关配套政策措施。要推动出台公益性农产品市场体系建设规划，完善公益性农产品市场建设运营相关标准。有条件的地方推动出台地方性法规，确立公益性农产品市场的法律地位。要完善和落实用地、用水、用电等相关政策，对于公益性农产品市场，可按作价出资（入股）方式办理用地手续。要进一步落实相关税收优惠政策和鲜活农产品运输“绿色通道”政策。要发挥国家开发银行优势和作用，强化中国农业发展银行政策性职能，加大对公益性农产品市场建设信贷投放力度。鼓励有条件的地方对政府确定的国有及国有控股公益性农产品市场按照公益类国有企业进行分类考核。通过部门协调配合，营造良好政策环境，共同促进公益性农产品市场体系建设。

商务部发展改革委　国土资源部　交通运输部

农业部　国资委　税务总局　质检总局

中华全国供销合作总社国家开发银行

国家标准委　中国农业发展银行

2016 年 4 月 6 日

# 郑州粮食批发市场交易管理暂行实施细则

（1990年9月28日郑州市人民政府发布）

## 第一章　总　则

**第一条**　根据《郑州粮食批发市场交易管理暂行规则》的有关规定，制定本细则。

**第二条**　本细则适用于郑州粮食批发市场（以下简称郑州市场）会员在本市场的一切交易活动。

**第三条**　郑州市场的会员和工作人员必须遵守本细则。

## 第二章　交易地点、时间

**第四条**　市场暂设于河南省郑州市嵩山南路22号。

**第五条**　开市日为每周的星期一、三、五。开盘时间为9：00-11：00；15：00-17：00。国家法定节假日（元旦、春节、国际劳动节、国庆节）除外。

## 第三章　交易品种和质量标准

**第六条**　郑州市场的开市品种为各类、各等级小麦和面粉。带有传播性病毒的粮食不准在市场交易。种籽粮不在郑州市场交易。

**第七条**　上市粮食的品质等级按现行国家标准的规定执行，没有国标的按部颁标准执行，没有国标、部标的按卖方地方标准执行。

标准等级以外的粮食由买卖双方协商确定。

## 第四章　交易方式

**第八条**　郑州市场的交易方式为拍卖和协商买卖两种，交易者均可利用。在每场交易中先拍卖，后协商买卖。两种交易方式均须在市场交易厅内进行。

**第九条**　由卖方提前二至五天向市场交易部提交：

1. 拍卖委托书。内容包括：（1）拍卖总量；（2）拍卖起点数量和品种、质量；（3）交货时间；（4）交货地点；（5）运输方式；（6）自营或是代理；（7）结算方式；（8）包装及包装价格；（9）拍卖起点价格。起点价格必须参照近日限制价幅填报，若起点价格超出拍卖日限价幅时，市场不予拍卖。

2. 拍卖样品。按现行粮食检验取样规定提交样品 2 公斤，做为审核质量等级的参考依据。

**第十条**　市场在受理卖方拍卖委托后，通知卖方出市代表该批粮食的拍卖时间。卖方出市代表届时必须到场参加拍卖。

**第十一条**　拍卖顺序按交割月份由近及远依次排列。同一月份的拍卖按提交委托书的先后依次进行。

**第十二条**　市场提前一天在市场内公布下一拍卖日的拍卖顺序、时间、数量、质量、交割期等相关资料。

**第十三条**　卖方在开市 30 分钟前，可以调整拍卖起点价格和起点数量，但调整不得超过两次。

**第十四条**　每场拍卖前，在交易厅内展示样品，用醒目字牌标明卖方的代号和样品的产地、品种、等级、数量、交货时间、交货地点、交货方式、结算方式、包装及包装价格等相关资料。

**第十五条**　凡是有购买权的会员，其出市代表均可着交易市场专用服装、持证进场交易。

**第十六条** 拍卖由交易主持人主持，由记录员、卖方出市代表和市场监督人员予以协助。

1. 主持人负责叫价和成交拍板。

2. 记录员记录成交双方代号、成交价格、品种、数量、时间等内容。

3. 卖方出市代表临场协助拍卖，必要时做出选择决定。

**第十七条** 拍卖时，由主持人根据卖方所报起点价格，由低到高叫价，价格的上升幅度最低为 1 厘/公斤。

**第十八条** 叫价后，有意购买者高举左手示意。如有两位以上买主举手示意购买，价格继续上叫，直至叫到只有一人举手示意购买时，由购买者报出自己的代号和购买数量，停留 30 秒钟，主持人拍板宣布成交。

**第十九条** 当叫至某价位，有两位以上买方举手，而叫至下一个价位，无人举手示意购买时，由卖方出市代表按买方所报数量多少为序，依次成交。

**第二十条** 买方的购买数量必须在卖方拍卖起点数量之上（包括起点数量）。

**第二十一条** 买方的购买数量少于拍卖总量，但多于或等于起点数量时，在举手示意购买的同时，喊出购买数量。

**第二十二条** 拍卖成交后，由传递员携带拍卖记录、带领买卖双方到签约间，在签约监督员的监督下，当即签订合同。

**第二十三条** 协商买卖是买卖双方在交易厅内本着自愿、平等的原则，通过协商达成的交易。

**第二十四条** 协商买卖在市场统一组织安排和参与下进行。

**第二十五条** 买卖双方协商议定的价格，不得超过当日价幅限制。

**第二十六条** 买卖双方协商达成交易后，到签约间，在签约监督员的监督下，当即签订合同。

## 第五章 价格和价幅

**第二十七条** 郑州市场的拍卖价格为发货站车板、港口船舱交货价格，协商买卖的价格形式由买卖双方议定。

**第二十八条** 每一开市日的价格限制幅度由市场管理委员会根据国家有关政策和市场供求情况以及前一开市日的价格水平确定，提前一天公布。

## 第六章 购买配额

**第二十九条** 郑州市场实行购买配额限制。各省、自治区、直辖市会员企业在本市场的购买总量不超过商业部所核定的指导性购买配额总量限制。

年度配额在1000万公斤以下的会员允许在一个月内购完；年度配额在3000万公斤以下的会员月购买量不得超过年配额的1/2；年度配额在3000万公斤以上的会员月购买量不得超过年度配额的1/3。

## 第七章 合 同

**第三十条** 合同期限为一至十二个月。六个月（含六个月）以内的合同为现货合同。六个月以上、十二个月（含十二个月）以内的合同为远期合同。

**第三十一条** 合同单位数量为50吨，成交量必须是50吨的整倍数。

**第三十二条** 交割月份的每日均为交割日。

**第三十三条** 合同式样由市场统一规定、统一印制。

**第三十四条** 市场认可合同的主要依据是：

1.《中华人民共和国经济合同法》；

2.《农副产品购销合同条例》；

3.《郑州粮食批发市场交易管理暂行规则》和本细则的规定。

## 第八章 保证金和手续费

**第三十五条** 资格保证金：会员企业在郑州市场注册登记时，交纳一次性资格保证金一万元人民币。自动退出市场、终止会员资格时，资格保证金本息如数退还。

**第三十六条** 基础保证金：合同签订后，买卖双方必须在五日内到市场结算部交纳基础保证金。否则，市场取消合同认可。

基础保证金的收取数额为成交金额的5%。

**第三十七条** 追加保证金：自合同生效之日起到交割日止，如果市场价格发生较大幅度波动，基础保证金不能有效保证履约时，市场有权向买卖双方或某一方收取追加保证金。买卖双方或某一方在收到交纳追加保证金的通知后，必须在2日内如数汇出应交数额。否则，按违约处理。

**第三十八条** 在合同签订后五日内买卖双方各按成交金额的1-1.5‰向市场结算部交纳手续费。不同时期手续费的具体执行数额由市场管理委员会根据市场情况和批发市场所提供的服务情况确定。

## 第九章 代 理

**第三十九条** 粮食经营企业会员可以从事代理业务。但不得代理非粮食经营、生产和加工企业。会员单位的任何个人和出市代表均不得以个人名义从事代理业务。

**第四十条** 被代理者自由选择代理者。代理的条件本着公正合理的原则，由双方协商确定，签订代理协议。代理者必须对被代理者负责。

**第四十一条** 代理者可以向被代理者收取代理佣金，其数额包括向市场交纳的手续费在内，不得超过成交金额的4‰。

**第四十二条** 代理者可以向被代理者收取保证金。

**第四十三条** 代理者的代理业务和自营业务必须分开，内部帐务分设。

**第四十四条** 代理买卖必须在场内成交，不得在场外成交。

**第四十五条** 代理者不得蒙骗、敲诈被代理者，否则，被代理者有权向市场监察部申诉，市场负责调查和处罚。

**第四十六条** 市场有权对代理业务进行检查监督。

## 第十章 合同转让

**第四十七条** 如果买卖双方或某一方由于生产经营和市场上发生重大变化致使履约发生困难时，可以由市场统一组织转让合同，但合同转让不得以投机谋利为目的。

**第四十八条** 合同转让必须在合同生效以后至开始交割的六十天以前进行。

**第四十九条** 合同转让可以转让货物数量的全部或部分。

**第五十条** 合同的转让方向市场交易部提交合同转让书，市场在场内张榜公布，招揽受让方。受让方必须是市场的会员。

**第五十一条** 会员有意受让合同时，向市场交易部提出，由市场安排专门时间进行。合同的转让方和受让方协商转让条件，签订转让协议，经市场确认后生效。

**第五十二条** 合同转让不得损害原合同对方利益。合同转让不得变更合同所确定的商品数量、质量和价格。交货地点、时间、装具等其它条款的变更必须征得原合同对方的同意。合同转让不能成交时，转让方必须履行合同。

**第五十三条** 经市场同意，可以有偿转让合同。

**第五十四条** 合同一经转让，履约责任和义务随之转移，市场向转让方清退保证金本息，核收受让方的保证金和相应的手续费。

## 第十一章 交 割

**第五十五条** 郑州市场成交的合同实行实物交割。由卖方负责运输事宜，在合同规定的火车站车板或港口船舱交货。

**第五十六条** 市场管理机构对合同认可后签发准运证。卖方持准运证及时向当地粮食调运主管部门申报运输计划，安排运输。

凡是由郑州铁路局向河南省外发运的货物，均可委托市场代办铁路运输计划。

**第五十七条** 卖方应及时申报运输计划，积极组织运输，在交割期内完成货物交割。如因不及时申报运输计划而延误交割者，以违约论处。

**第五十八条** 买卖双方必须严格按照成交数量和样品的等级、规格、质量交收货物，否则按违约处理。

**第五十九条** 货物交割中的商务事故按照商业部《粮油调运管理规则》的有关规定处理。

**第六十条** 在交割过程中买卖双方所产生的异议，由买卖双方协商解决；不能达成一致意见时，由市场调解，调解不服者，按法定程序办理。

## 第十二章　结　算

**第六十一条**　在郑州市场成交的合同，实行市场监督下的买卖双方自行结算制度。市场积极创造条件，开展代理结算业务。

**第六十二条**　买卖双方自行结算有三种形式：

货到付款。卖方按合同规定将货物运抵买方车站、码头后五日内，买方付款。

发货付款。卖方按合同规定如期办理货物装运手续后，凭货物装运货票和发货明细表通知买方，买方在接到通知后五天内付款。

先款后货。卖方在接到买方货款后，在合同期内将货物发运完毕。

**第六十三条**　市场代办结算的形式为：卖方货物发运完毕，携带有关单证直接对市场进行结算，市场付给货款；买方接到货物结算单及有关单证后，直接将货款付给市场。

**第六十四条**　在结算过程中出现的异议，由双方协商解决。如果不能达成一致意见，双方或一方可以向市场提出《结算纠纷报告书》，由市场予以协调。

**第六十五条**　买卖双方货款结算完毕后，通知市场清退保证金本息，市场在接到通知后2日内将应退资金一次清还。

## 第十三章　信　息

**第六十六条**　郑州市场通过报纸、广播、电视、刊物等方式定期或不定期发布市场成交情况和其它有关信息。

**第六十七条**　郑州市场发布的成交价格为各个品种、等级粮食的拍卖或协商成交价格的加权平均价格。

## 第十四章　监督、调解、处罚

**第六十八条**　凡是买卖双方不严格履行合同所定各项内容的，均为违约。发生违约，首先由买卖双方协商解决，当双方不能达成一致意见时，由市场依法予以调解。调解不服者，按法定程序由有关执法部门处理。

**第六十九条**　市场对违约的调解，以国家有关法律、政府法令和政策为依据，市场在调解中可视违约情节轻重和造成损失的大小，将违约方的部分或全部基础保证金和追加保证金划拨给受损害方，必要时还可扣划违约方的资格保证金，扣划后由违约方按资格保证金的规定数额补齐。违约情节特别严重的，市场可以提出建议，经批准机关同意，中止或取消出市代表资格和会员资格。

**第七十条**　合同的变更和解除由买卖双方依法协商处理，变更和解除的情况报市场备案。

**第七十一条**　出市代表必须遵守市场和各项交易规则，接受市场监督和管理。

**第七十二条**　下列行为属于违纪行为：

1. 扰乱秩序，言行粗暴；
2. 造谣煽动，混淆视听；
3. 坑蒙哄骗，敲诈勒索；
4. 垄断市场，操纵价格；
5. 伪造文件，买卖票证；
6. 拖欠款项，拒交罚金；
7. 行贿受贿，私下交易；
8. 接受不具有资格企业的委托；
9. 出市代表以会员企业名义为私人做交易；

10. 阻碍市场必要的有关调查；

11. 其他违纪行为。

**第七十三条** 凡违反第六十条规定的，除需提交有关执法部门处理的以外，郑州市场有权视情节轻重和造成损失的大小，给予下列处罚：

一、造成轻微损失者，予以批评教育。

二、造成明显损失者，予以警告，并处以1000元罚款。

三、造成严重损失者，建议中止或取消当事人的出市代表资格，并处以2000元罚款。

四、造成特别严重损失者，建议中止或取消会员资格，并处以10000元以上的罚款。

以上中止或取消出市代表和会员资格，须经批准机关审查同意。

**第七十四条** 市场对违纪会员视情节轻重确定处罚，如需交纳罚款必须在5日内向市场监察部交纳。逾期不交者，加倍处罚。会员对市场的处罚如有异议，可向市场管理委员会或其它有关部门提出申诉。在未改变处罚决定前，必须执行市场的处罚决定。

## 第十五章 附 则

**第七十五条** 本细则解释权归郑州粮食批发市场管理委员会。

**第七十六条** 郑州市场根据本细则制定场内交易运作规范。

**第七十七条** 本细则自发布之日起施行。

# 农产品批发市场建设与管理指南

农业部关于印发《农产品批发市场建设与
管理指南》的通知
农市发〔2004〕10号

各省、自治区、直辖市农业（农牧、农林、畜牧、渔业）厅（委、办、局），新疆生产建设兵团农业局：

为加强对农产品批发市场建设与管理工作的指导，推动农产品批发市场规范化、现代化进程，我部研究制定了《农产品批发市场建设与管理指南》（简称《指南》）。现将《指南》印发给你们，请结合本地实际贯彻执行。

中华人民共和国农业部
二〇〇四年六月十四日

## 第一章　总　则

**第一条**　为了完善农产品市场体系，引导批发市场加强建设和管理，保证公开、公平、公正交易，保障食用农产品安全，特制定本指南。

**第二条** 本指南适用于专门经营农产品的批发市场和包含农产品批发经营业务的其他市场。

**第三条** 本指南用辞定义如下：

（一）农产品：指粮油、蔬菜、瓜果、畜产品、水产品、调味品、花卉、茶叶、种子、饲料等农、牧、渔业产品及其加工品。

（二）农产品批发市场：指经政府主管部门批准，主要进行前款所指农产品现货集中批量交易的场所。

（三）农民：指直接从事本指南所称农产品生产的自然人。

（四）农民团体：指依法成立的各类农民合作组织。

（五）农业企业：指从事本指南所称农产品生产的农业经济组织。

（六）交易商：指在农产品批发市场组织农产品供应、贩运、销售的个人或组织；也包括在农产品批发市场上协助促成买卖双方交易、提供服务并按规定收取一定数额手续费的经纪人。

## 第二章 设立、变更和终止

**第四条** 设立农产品批发市场应从当地的农产品商品货源及其流向、居民消费需要、经济发展和区位交通条件等实际情况出发，遵循统筹规划、合理布局、发挥优势、讲求实效的原则，防止盲目、重复建设市场。

**第五条** 农产品批发市场是公共事业，以服务农业、农民和城乡消费者为宗旨。其设立及业务项目由各级政府规划确定，并提供支持。

**第六条** 设立农产品批发市场应考虑下列条件：

（一）设立者主要是农民合作组织、或涉农企事业单位、社会团体等法人组织。

（二）符合国家和本地区农产品批发市场建设发展规划；

（三）位于农产品的主要产地、销地或集散中心。

（四）具备相应的场地、设施和资金。

（五）具备企业登记注册的其它条件。

**第七条** 农产品批发市场的设立、变更和终止，应按照政府规定的审批或许可程序办理。

## 第三章　市场功能

**第八条** 农产品批发市场要根据国家和地区社会经济发展的实际需要，注重完善以下市场功能：

（一）大规模、快速集散或配送农产品；

（二）形成竞争性的透明、合理的农产品价格；

（三）及时收集和发布市场信息；

（四）保障食用农产品安全；

（五）吞吐调剂农产品供求；

（六）提供金融、通讯、结算、仓储等综合服务。

**第九条** 产地农产品批发市场除具备第八条中各项功能以外，还应该结合我国农村经济社会发展的实际需要，进行下列功能创新：

（一）培育农民专业合作组织；

（二）普及农业科技知识；

（三）促进产地农产品加工增值；

（四）引导农业区域化布局，专业化、标准化生产，品牌化经营；

（五）延长农业产业链，发展产业化经营；

（六）扩大农村劳动就业，推动小城镇建设。

## 第四章　市场建设

**第十条**　农产品批发市场建设坚持基础设施公益性、经营管理企业化的方向；坚持新建与改建结合，产地与销地结合，硬件与软件结合，国家扶持与多渠道投资结合；统筹规划，合理布局，均衡发展，促进形成统一的全国性的农产品批发市场网络。

**第十一条**　省、地农业部门应制定本区域农产品批发市场建设发展规划，规划的主要内容包括：

（一）农产品批发市场的数量、规模、布局；

（二）市场建设和设施改造的要求；

（三）主要交易商品种类；

（五）市场同生产基地、同关联市场的联结关系。

**第十二条**　规划建设产地批发市场，应主要依托各类农产品生产基地，充分考虑生产规模、商品流量流向、产品特点、区位交通条件、辐射范围以及小城镇建设等因素，确定市场的类型、位置、规模和设施标准。要打破行政区划的界限，在一个市场辐射范围内，不再规划建设新的市场。产地批发市场应以建设专业性市场为主。

**第十三条**　规划建设销地批发市场，应主要依据销地人口数量和市场容量，充分考虑市政规划、区位交通条件、零售方式和消费习惯等因素，确定市场的数量、布局、规模和设施标准。销地批发市场应以建设综合性市场为主。

**第十四条** 农产品批发市场设施建设要体现高效、经济、先进和实用的要求，做到功能分区明确，交易流程合理，经营运作方便，物流、车流、人流组织顺畅，停车面积匹配，设施齐全配套；并注重市场绿化和环境保护。

**第十五条** 农产品批发市场应着重加强下列基本功能设施与能力建设，逐步提高现代化水平：

（一）交易方式，从对手交易向代理制、拍卖交易转变；

（二）结算方式，从分散的现金结算向统一的电子结算转变；

（三）信息系统，完善信息收集、发布手段，建立网络服务平台，发展农产品电子商务；

（四）检测系统，健全检测制度，增强检测手段，提高检测水平；

（五）物流服务，实现商品贮藏、保鲜、运输和装卸等服务手段高效率、低成本；

（六）秩序监控，对市场交易活动实行全面电子监控，提高交易纠纷的防范和应急处理能力；

（七）环境卫生，对市场产生的垃圾、污水及时进行清除处理，使之达到环保排放标准。

## 第五章　管理与监督

**第十六条** 农产品批发市场的设立者应健全市场管理机构，加强市场管理。

**第十七条** 农产品批发市场应采取政府调控、企业管理、客商经营的运行管理模式。市场应明晰产权，建立现代企业制度。

**第十八条** 农产品批发市场管理者应按照公平、公开、公正的原则管理市场，对场内交易商一视同仁，平等对待。

**第十九条** 农产品批发市场管理者应以提供服务和加强监管为宗旨，负责市场日常交易活动的管理工作。主要工作：

（一）负责市场规划、建设和改造，服务设施的完善与改进；

（二）负责市场交易方式、结算方式和信息系统的现代化建设；

（三）负责市场交易商（经销商、贩运商、零售商、经纪人）的身份登记，对其交易活动进行规范化管理和服务；

（四）负责市场交易活动监督、检查和日常管理工作，处理交易活动中发生的纠纷等事项；

（五）负责市场交易商品质量、重量、包装规格的监督与检查；

（六）落实市场交易、卫生、消防安全和环保等管理制度；

（七）提供商品运输、装卸、贮藏、保鲜、包装、加工等综合性服务；

（八）协助政府主管部门调控与监督管理市场；

（九）负责场所和设施的管理、出租（出售）和维护；

（十）负责市场信息的收集与传递发布；

（十一）产地农产品批发市场管理者还应推动第九条所列各项工作的开展。

**第二十条** 农产品批发市场应当建立健全市场日常管理制度、市场经营管理制度、市场交易指南、市场交易商品管理制度、商品质量检查制度、市场治安和安全保障制度、市场环境卫生管理制度、车辆管理制度、财务管理和统计报表制度等。

**第二十一条** 农产品批发市场应突出信息服务。及时收集和发布成交的品种、数量、产地、价格、质量等级等行情信息和商品供求信息，供交易双方参照。同时按规定将这些行情信息报主管部门，由国家主管部门汇总统一向全国发布。

**第二十二条** 农产品批发市场应实行下列公开办事制度：

（一）市场管理人员姓名、职务、职责公开；

（二）市场管理制度和工作人员守则公开；

（三）场所和设施安排、租赁费、管理费、服务费收取标准公开；

（四）纠纷事项处理结果公开。

**第二十三条** 农产品批发市场收费应符合国家有关规定。除国家规定外，任何单位和个人不得自行进入市场设立收费项目或者提高收费标准。

**第二十四条** 农产品批发市场应加强对管理人员的专业技术培训和业务考核，推行持证上岗，禁止市场管理人员参与市场交易。

**第二十五条** 农产品批发市场接受政府部门的管理和社会监督。

## 第六章 交易商

**第二十六条** 交易商是指具有商品批发交易能力，可进入批发市场进行交易的个人或组织。交易商包括供货者、经销商、贩运商、零售商和经纪人，是批发市场上开展买卖交易活动的主体。

**第二十七条** 农产品批发市场应建立交易商登记管理制度，掌握交易商的基本信息和经营信息，以便于交易管理、质量控制和信用评定。

**第二十八条** 农产品批发市场鼓励实行经纪人代理交易制，市场经纪人的资格认定条件与行为规则由市场监督管理部门会同市场管理者共同制定。

**第二十九条** 交易商应遵守法律、法规，遵守自愿、公平、诚信原则，遵守商业道德和市场规章制度，服从市场监督管理。

**第三十条** 经销商应在固定的门店或特定的场所进行交易，不得在市场内随意设摊或流动经营。严禁场外交易。

**第三十一条** 经销商不得擅自出租、出借、转让经营场所，确须出租、出借、转让经营场所的应经市场管理者同意，并办理有关手续。

**第三十二条** 交易商须依法纳税，并按国家有关规定交纳市场管理费。

**第三十三条** 购买者要求出具购货凭证和商品质量证明，交易商应按规定提供。

## 第七章 商品交易

**第三十四条** 农产品批发市场交易的商品必须符合国家法令和质量安全要求。下列物品禁止上市交易：

（一）国家和地方明文规定重点保护的珍稀植物、动物及其制品；

（二）未经检疫或检疫不合格的畜禽及其产品；

（三）经检测不合格，有毒、有害健康的产品；

（四）法律、法规禁止上市的其它物品。

**第三十五条** 农产品批发市场应采取协商交易、合约交易、订单交易和拍卖交易方式。

**第三十六条** 农产品批发市场的商品交易应逐步推行统一司磅，统一结算。

**第三十七条** 农产品批发市场的商品价格由买卖双方议定，随行就市。属于政府对商品价格实施监控管理的，应当执行有关规定。

**第三十八条** 农产品批发市场管理人员发现在市场买卖交易中有不正当行为，或出现不公正价格时，根据规定可以对交易商的交易活动进行限制。

**第三十九条** 农产品批发市场禁止下列行为：

（一）蓄意串通，捏造和散布虚假信息；

（二）以操纵市场为目的，合伙抬价或压价买入或卖出同一种商品；

（三）任何形式的欺行霸市，强买强卖行为；

（四）以其它直接或间接方式操纵或扰乱市场交易秩序。

**第四十条** 农产品批发市场应加强对经纪人代理交易活动的监管，规范经纪行为。

**第四十一条** 农产品批发市场交易的农产品应推行分级分类处理，逐步达到质量等级化、重量标准化、包装规格化。

**第四十二条** 农产品批发市场交易的农产品应在包装物的指定位置标明名称、等级、产地、生产商、生产或采摘日期、重量、检验合格证明等需要说明的事项。

**第四十三条** 农产品批发市场交易的农产品实行分区交易。蔬菜、水果、肉类、水产品、畜禽等应分区销售；鲜活与冷冻商品应分区销售。

# 第八章　附　则

**第四十四条**　本指南用于指导各类农产品批发市场现代化建设与规范化管理。

**第四十五条**　本指南具体应用中的问题由农业部负责解释。

# 附　录

## 农业部定点批发市场信息工作规程

农业部办公厅关于印发《农业部定点批发
市场信息工作规程》的通知
农办市〔2010〕11号

各省（区、市）农业（农林、农牧）厅（局、委），农业部定点批发市场：

多年来，我司依托农业部定点批发市场信息网，定期采集鲜活农产品批发价格和交易量信息，为宏观决策提供了有力支撑，为社会公众提供了便捷有效的服务，取得了较好的效果。

为进一步规范批发市场信息采集工作，明确数据采集报送及整理服务等过程中各环节的责任与义务，提高数据的准确性和时效性，我司制定了《农业部定点批发市场信息工作规程》，现印发各有关部门，请遵照执行。

二〇一〇年三月二十二日

### 第一章　总　则

**第一条**　为贯彻落实党中央国务院关于加强农业信息工作的重

要部署，规范农业部定点农产品批发市场（简称定点市场，下同）信息采集、报送及其他相关工作，进一步满足城乡居民的信息需求，促进农产品产销衔接，特制订本工作规程。

**第二条** 农业部市场与经济信息司是定点市场信息工作的主管司局。负责定点市场的业务指导、考核管理、信息综合汇总、信息报告发布、信息体系建设完善、批发市场推介宣传及其他相关工作。

**第三条** 农业部信息中心是定点市场信息采集、报送及其他相关工作的业务支持责任部门。负责农产品批发市场信息网建设、系统软件运行、传输网络维护、数据审核汇总、数据库建设完善、信息报送统计、信息员管理、沟通联系及其他相关技术支持等工作。

**第四条** 各省级农业市场信息行政管理部门，协助农业部市场与经济信息司，负责指导本辖区内定点市场信息工作，支持帮助定点市场信息系统建设，推进定点市场的推介宣传工作。

**第五条** 各定点市场负责采集点的建设，配备信息员（A＼B角），每天（含节假日和公休日）按制度规定采集、报送市场交易信息。

## 第二章　信息采集

**第六条** 定点市场原始数据信息可主要依据商户询问、交易单据、电子结算系统等取得。其中：商户询问调查对于同一规格标准而价格差别较大的商品，应抽查不少于3户的数据进行平均；尚未施行电子结算的市场，交易量可通过商户交易量的增减幅度，结合经验和目测等进行估算。

**第七条** 各定点市场要因地制宜采取措施，力争原始数据采集的代表性。原始数据采集时间必须与市场集中交易时间同步。

**第八条** 各定点市场依据原始数据综合汇总本市场的信息数据，具体工作中如发现数据异动，须及时核校原始数据。

**第九条** 各定点市场应及时进行信息数据综合汇总，确保信息的及时报送。

## 第三章 信息报送

**第十条** 各定点市场均需采用现行农产品批发市场信息网的报价系统，根据农业部的要求和规定，于中午 12 点前完成当日综合汇总的市场信息报送工作。

**第十一条** 各定点市场报送交易信息前，须再次对综合汇总的信息数据进行审核，确保日常报送的分品种批发价格、交易量数据的准确性；判别说明重点监测品种的产销地。

**第十二条** 各定点市场要开展市场运行和交易情况分析，发现苗头性、焦点性等重要情况，要及时向农业部市场与经济信息司和信息中心反映。

**第十三条** 农业部信息中心每天中午 12 点开始审核汇总全国各定点市场报送的交易信息，如发现数据异常，要及时与有关批发市场沟通，核实后装入数据库并运行程序，生成价格指数。

**第十四条** 农业部市场与经济信息司根据核实的数据库数据，于当天下午 3 点前，计算、综合并报告、发布全国批发市场监测情况。

## 第四章 保障措施

**第十五条** 各定点市场负责人要加强对本市场的信息采集、报送工作的组织领导，及时解决工作中出现的困难和问题，创新工作机制，确保信息报送的及时性和准确性。

**第十六条** 各定点市场选定信息员应符合“四好”的标准。即：（1）政治品德好，贯彻落实党的方针政策，为人诚实可靠；（2）协调能力好，能调动积极因素，重视协作配合；（3）业务基础好，有一定的专业知识，熟知市场运行情况；（4）工作实绩好，踏实肯干，能开拓性地完成本职工作。

**第十七条** 各定点市场信息员人员配备应保持相对稳定，如有调整，应及时向农业部市场与经济信息司和信息中心备案，并妥善做好交接工作，确保信息报送的连续性。

**第十八条** 农业部信息中心要落实专门人员负责批发市场信息催报、审核和数据库维护、运行工作；确保批发市场信息网络安全、畅通。

**第十九条** 农业部信息中心负责对各定点市场信息采集、报送等工作的考核。考核内容主要包括各市场报送信息的数量、质量和及时、准确、完整性等方面。考核结果一要作为考评定点市场工作、实行动态管理的重要参考；二要作为50家信息重点采集市场补助经费分配和各定点市场信息员工作评价的主要依据。考核结果定期进行通报。

**第二十条** 农业部市场与经济信息司要密切与中央、部属及其他重点媒体的合作，采取多种形式，加强对各定点市场的推介和宣传报道工作。

**第二十一条** 农业部市场与经济信息司每年安排一定的资金，支持定点市场信息采集、报送工作。各定点市场要加强资金投入等保障，确保信息采集、报送系统正常进行。

**第二十二条** 农业部市场与经济信息司和信息中心，负责采取培训班、以会代训等方式，开展对各定点市场信息员的培训，提高信息员业务工作水平，强化队伍建设。

## 第五章　附　则

**第二十三条**　定点市场信息工作各有关部门（单位）、信息员及其他相关工作人员，在从事定点市场信息工作中，应当遵守本规程。

**第二十四条**　本规程自发布之日起施行。

# 全国“菜篮子工程”定点鲜活农产品中心批发市场管理办法（试行）

农办综〔1996〕91号

（1996年10月28日农业部办公厅发布）

## 第一章　总　则

**第一条**　为推动全国“菜篮子工程”建设，促进以批发市场为中心的鲜活农产品市场体系建设，建立稳定的产销联系，加强宏观调控，特制定本办法。

**第二条**　本办法所称“菜篮子工程”定点鲜活农产品中心批发市场（以下简称定点市场）是指：具有全国性或区域性影响、占地规模和交易规模较大、具有较为完备的交易和辅助设施，并经农业部批准命名的定点市场。

**第三条**　定点市场的区域布局主要集中于：北京、天津、上海等特大城市，部分省会城市，有可能发展成为区域经济中心的新兴城市和全国“菜篮子”产品主产区。

**第四条**　本办法适用于正式申报定点的鲜活农产品批发市场和已被农业部批准命名的定点市场。

## 第二章　申报条件

**第五条**　凡是符合《“九五”“菜篮子工程”全国鲜活农产品批发市场建设规划》和《中国水产品批发市场发展规划》规定的市场建设和发展布局原则，并符合以下条件的大型鲜活农产品批发市场，均可申报定点市场。

销地市场（包括综合性批发市场和专业性批发市场）：

市场所在城市的非农业人口在100万以上，市场主营产品年交易量占当地此类产品销售总量的1/3以上，具有较为完备的市场交易及辅助设施。

产地市场：

市场位于全国性或区域性鲜活农产品主产区，并具有优越的地理位置和良好的交通运输条件。

（一）蔬菜批发市场：市场所在地蔬菜播种面积达到30万亩以上，市场年交易量占当地蔬菜生产量的2/3以上；

（二）水果批发市场：市场所在地水果种植面积达到10万亩以上，市场年交易量占当地水果生产量的2/3以上；

（三）畜禽批发市场：市场年交易量占当地畜产品生产量的1/2以上；

（四）水产品批发市场：市场所在地属于全国重要渔港或淡水产品主产区，市场年交易水产品数量10万吨以上。

其他鲜活农产品市场参照上述原则执行。

**第六条** 市场选址、建设符合国家和地方政府颁布的农产品批发市场建设规划及有关政策法规。

**第七条** 具有较完备的市场交易规则和管理办法，市场交易秩序良好，市场运行较为规范。

**第八条** 市场正式运营一年以上。

## 第三章 申报、审批程序

**第九条** 定点市场的申报程序

申报定点市场，须向当地政府和省级农业、畜牧、水产、农垦等主管部门提出申请报告。

销地市场：须经市场所在地地市级以上人民政府推荐上报农业部，同时对口抄报省级农业、畜牧、水产、农垦等主管部门。

产地市场：须经市场所在地地市级以上人民政府和省级农业、畜牧、水产、农垦等主管部门共同推荐上报农业部。

**第十条** 定点市场的审批程序

农业部根据地方政府和省级农业、畜牧、水产、农垦等主管部门的推荐，经过考察、评审后，批准命名定点市场。

## 第四章 对定点市场的扶持

**第十一条** 根据市场建设和发展的需要，制定和实施有利于市场发展和运营规范的政策。

**第十二条** 在衔接国内外投资、立项争取国家政策性贷款等方面，对定点市场予以支持。

**第十三条** 帮助定点市场与全国重点鲜活农产品生产、加工基地建立稳定的产销联系。

**第十四条** 优先吸收定点市场加入农业部全国菜篮子产品批发市场信息网，及时提供有关市场运营和发展的政策、产销动态信息。

**第十五条** 对市场的建设发展和营运管理给予指导和咨询，帮助制定市场运行规则，健全管理制度。

**第十六条** 定期组织各级市场管理人员集中培训，组织考察、交流活动，约请参加农业部全国菜篮子工程办公室召开的座谈会。

## 第五章 定点市场承担的责任

**第十七条** 按照统一规定，悬挂农业部颁发的“‘菜篮子工程’定点鲜活农产品中心批发市场”标牌。

**第十八条** 接受农业部的管理和业务指导。

**第十九条** 按照规定的时间，向农业部全国菜篮子工程办公室报告季度和年度市场运营情况。包括：各类商品的成交量、成交额、成交价格，以及市场运营中的新情况、新问题。

**第二十条** 市场管理机构发生变化或变更法定代表人，须及时向农业部全国菜篮子工程办公室报告。

## 第六章 考核评估

**第二十一条** 对定点市场每两年进行一次全面考核和评估，对于不符合定点市场资格的市场，撤销其“定点市场”的名义。

**第二十二条** 定期表彰运营状况良好的市场和市场经理人员。